Atención al cliente y organización de actos de protocolo en servicios funerarios

Guía para el docente y solucionarios

Editado por: IC Editorial
c/ Cueva de Viera, 2, Local 3
Centro Negocios CADI
29200 Antequera (Málaga)
Teléfono: 952 70 60 04
Fax: 952 84 55 03
Correo electrónico: iceditorial@iceditorial.com
Internet: www.iceditorial.com

Guía para el docente y solucionarios:
Atención al cliente y organización de actos de protocolo en servicios funerarios

1ª Edición

ISBN: 979-13-7027-094-0
Depósito Legal: MA 1981-2025

Impresión: PODiPrint
Impreso en Andalucía - España

Nota de la editorial: IC Editorial pertenece a Innovación y Cualificación S. L.

Índice

Guía para el docente: técnicas de enseñanza y aprendizaje

Contenido

1. Introducción

El presente capítulo está destinado a ofrecer al cuerpo docente responsable de la enseñanza del programa de cualificaciones profesionales y certificados de profesionalidad, una guía metodológica para obtener el máximo rendimiento de los contenidos formativos que han sido desarrollados para el presente título.

La mejora de las habilidades comunicativas y la aplicación de una metodología contrastada de enseñanza, aprendizaje y evaluación permitirá transmitir el conocimiento y adquirir el programa formativo de la forma más efectiva y práctica posible.

Estudiaremos cuáles son los principales elementos que forman parte de la comunicación profesor-alumno, a través de una cuidada selección de sistemas de planificación de estrategias didácticas, así como la utilización de medios y recursos didácticos.

La integración de todas las actividades planificadas alrededor de un plan de formación adaptado e individualizado, aumentará además la satisfacción del alumnado por la utilización de un sistema no lineal e interactivo que se retroalimenta gracias a la relación establecida entre la propia metodología y los actores que forman parte de la enseñanza.

2. El programa de formación

Una de las claves del éxito de la mayoría de las actividades que se realizan en general, y concretamente en la formación, es la **programación.** Es necesaria la programación de las acciones formativas, para que así se pueda alcanzar el objetivo final, es decir, que el alumno obtenga una buena capacitación y adquiera nuevos conocimientos en su repertorio y que, después, sea capaz de emplearlos en su trabajo.

2.1. Definición de programación

Cuando se habla de **programación,** se pueden encontrar multitud de definiciones. Para sintetizar, se podría definir como la actividad de enunciar lo que se quiere hacer (objetivos, contenidos, métodos, temporalización, medios y recursos didácticos y evaluación).

 **DEFINICIÓN**

Programación

Es un plan donde se establecen las acciones que se van a realizar en un proceso de enseñanza-aprendizaje, por medio de un formador o un equipo.

A continuación, se va a describir una serie de características que tiene que tener una programación didáctica:

- ➲ Dinámica. Una programación no es estática ni está acabada, siempre está en constante revisión, de ahí su dinamismo. Además va cambiando o evolucionando según los resultados de la evaluación continua que se va realizando durante la ejecución de la acción.
- ➲ Flexible. Esta característica permite que se puedan hacer cambios, ampliaciones, reducciones y actualizaciones de los contenidos y actividades programadas, según las necesidades que se observen.
- ➲ Creativa. La programación como es un diseño propio y exclusivo, exige creatividad y originalidad. El docente es el que decide sobre el quehacer en el aula teniendo en cuenta las características del grupo, las necesidades que se pretenden satisfacer y las propias posibilidades.
- ➲ Prospectiva. La programación consiste en hacer un pronóstico de la interacción que se va a producir en el aula.

⊃ Sistemática. La programación es un proceso sistematizador que da coherencia a la acción formativa, ya que tiene en cuenta todos los elementos (objetivos, contenidos, métodos, temporalización, medios y recursos pedagógicos y evaluación) que intervienen en el acto educativo y analiza sus relaciones.

⊃ Integradora. Permite integrar elementos de cualificación técnico-profesionales con elementos de cualificación personal de alumnado.

⊃ Funcional. Toda programación debe basarse en el perfil profesional de la ocupación y estructurar los contenidos formativos que proporcionan las competencias de ésta.

2.2. Elementos de la programación

Antes de empezar cualquier programación formativa, es necesario tener en cuenta los datos obtenidos del análisis de la ocupación y del grupo al que se dirige la acción formativa. A partir de esta información, se determinan los elementos que van a conformar la programación.

Cuando se realiza la programación de un curso, hay que plantearse previamente las siguientes preguntas:

1. ¿Qué quiero conseguir con la formación?	**OBJETIVOS**
2. ¿Qué conocimientos deben asimilar los alumnos para alcanzar los objetivos propuestos?	**CONTENIDOS DEL CURSO**
3. ¿Cómo trabajamos en el aula? ¿Qué actividades son las que realizamos?	**MÉTODOS DE ENSEÑANZA**
4. ¿Cuánto tiempo tengo y cuánto dedico a cada módulo?	**TEMPORALIZACIÓN**
5. ¿Qué medios y recursos didácticos se necesitan para poder llevar a cabo esas actividades?	**MEDIOS Y RECURSOS DIDÁCTICOS**
6. ¿Cómo sabemos que se ha producido el aprendizaje?	**EVALUACIÓN**

3. Factores determinantes de la efectividad de la comunicación en el proceso de enseñanza-aprendizaje

En toda comunicación que se produzca en el proceso de enseñanza-aprendizaje, existen factores determinantes que obstaculizan o refuerzan este proceso.

3.1. Obstáculos de la comunicación

Relacionados con el emisor

- No expresar de forma clara qué mensaje se quiere transmitir.
- Comentar algo a lo largo de la explicación que no sea lo correcto y pueda resultar desagradable.
- Cambiar el tema de conversación.
- Desviarse del tema que se está tratando.
- No mirar al receptor cuando se quiere expresar algo.
- No estar atento a las señales que emite el receptor.
- Expresar alguna idea a través de los gestos que no se corresponda con la idea a comunicar.

Relacionados con el receptor

- No comprender las ideas que quiere expresar el emisor.
- No pedir explicación al emisor de aquella información que no le haya quedado clara.
- Interrumpir al emisor cuando está hablando.
- Captar algo diferente a lo que el emisor desea transmitir.

Relacionados con el mensaje

- Mensaje confuso.
- Mensaje muy corto.

- Mensaje muy extenso.
- Abuso de muletillas.
- Utilización de frases sin terminar.
- Dar "rodeos" para decir la idea principal.

Relacionados con el contexto

- No ser el momento adecuado para transmitir algo.
- No saber escoger el lugar oportuno.
- La presencia de ruidos y de interferencias.
- No pensar en las personas que están cerca.

Relacionados con el código

- No utilizar el mismo código que la persona con la que se habla o a la que se escucha.
- No adaptar el vocabulario a la situación o a la persona con la que se conversa.
- Utilizar el doble sentido.

3.2. Sugerencias para el mejor funcionamiento de la comunicación

Emisor

- Acostumbrarse a planificar la comunicación.
- Concretar visiblemente los objetivos.
- Buscar la retroalimentación en la comunicación.
- No tratar de impresionar al receptor.

Mensaje

- Que sea claramente entendido por el receptor.
- Que la terminología usada sea de referencia común.
- Que reclame la atención y el interés del alumnado.
- Que sea sencillo de interpretar.

⊃ Que su contenido sea adecuado y convincente.

⊃ Que produzca el máximo efecto posible.

_____

Canal

⊃ Que sea el más apropiado al grupo al que se dirige, al contenido del mensaje y al objetivo que persigue el formador.

⊃ Que sea el que cause mayor impacto en el receptor.

⊃ Que sea el más eficaz.

⊃ Que sea el que mejor domine el formador.

4. La comunicación verbal y no verbal en el proceso instructivo

Los medios de comunicación pueden agruparse en dos grandes bloques: los **medios verbales,** que son aquellos que usan la lengua como código compartido; y los **medios no verbales,** que son los que se fundamentan en otros códigos simbólicos. A su vez, dentro de los medios verbales, están el medio escrito y el medio oral.

Cada uno de estos medios tiene sus ventajas y sus inconvenientes, por lo que la selección del medio deberá tener en cuenta las circunstancias y características que en cada caso presenta el comunicador, la audiencia y el mensaje que se ha de transmitir.

4.1. Los medios verbales

La comunicación verbal

La comunicación verbal se utiliza para comunicar ideas o dar información, opiniones, expresar o describir sentimientos, etc. Sirve de vehículo a los contenidos explícitos del mensaje. Para garantizar la efectividad de la comunicación, es necesario que el mensaje se presente de forma descriptiva y operativa, pero siempre teniendo muy en cuenta el código común del grupo al que va dirigida esta comunicación.

Un uso correcto del lenguaje oral ayuda a acercarse más a los alumnos. Los principales aspectos a considerar son los que aparecen a continuación.

Construcciones gramaticales

El objetivo será transmitir el mensaje de la manera más clara posible. Se deben evitar los giros rebuscados, la sintaxis complicada y las metáforas. En las explicaciones y conversaciones debe primar el contenido sobre la forma.

Vocabulario

Es importante saber qué palabras van a expresar mejor los conceptos que se desean transmitir y las que pueden ser comprendidas mejor por los alumnos. El análisis previo de los alumnos ayuda a saber qué términos técnicos se pueden utilizar sin problemas, cuáles se tienen que explicar y cuáles se deben evitar.

En general, siempre hay que mantenerse dentro de un lenguaje formal, evitando los vocablos demasiado coloquiales, las palabras extranjeras, las referencias académicas y expresiones de carácter religioso, político, deportivo o cultural, que pueden resultar agresivas para los alumnos.

Ejemplos

Los conceptos abstractos que pueden aparecer y que dificultan la adquisición de los contenidos, tienen que ser expresados mediante las explicaciones del formador, siempre apoyándose en la visualización.

La comunicación escrita

La comunicación escrita posee un carácter más veraz que la oral. La interacción que tiene lugar entre el emisor y el receptor no es inmediata, en algunas ocasiones no llega a producirse jamás. Este tipo de comunicación ofrece más oportunidades expresivas y mayor complejidad gramatical, sintáctica y léxica. También hay que tener en cuenta que a veces dificulta la expresión y/o puede no proporcionar *feedback* de manera Inmediata.

4.2. Los medios no verbales

Al igual que las palabras, los elementos de la comunicación no verbal son signos que representan una idea (se excluyen todos los signos lingüísticos).

A diferencia de la comunicación verbal, su función no se centra sólo en la transmisión de contenido, sino que traspasa esa frontera para expresar también las emociones del emisor, controlar la interacción y proporcionar *feedback* del efecto que el mensaje produce en el receptor. Todas estas funciones son muy útiles para el formador, tanto en su tarea de transmisor de conocimientos como en la tarea de motivar y dirigir al grupo.

A continuación, se detallan las diferentes categorías en las que se agrupan los elementos de la comunicación no verbal.

Kinesia

Posturas

Una de las primeras cosas que el formador debe transmitir a sus alumnos es confianza y seguridad, lo que puede conseguirse a través de una postura erguida (sin llegar a ser arrogante), de pie, apoyándose sobre los dos pies y manteniendo la cabeza alta.

Esta postura es útil, especialmente durante la presentación del curso, porque ayuda a relajar el cuerpo, a facilitar la respiración y a controlar las muestras de nerviosismo, al tener un buen apoyo en el suelo.

A medida que avanza el curso, se pueden adoptar otras posturas que faciliten el descanso (apoyarse), el acercamiento (echar el cuerpo hacia delante) o que resten protagonismo (sentarse).

_____

Gestos

Los gestos son un buen aliado del formador, excepto cuando éste se siente incómodo o nervioso. Gestos de carácter adaptador, como rascarse o colocarse la ropa, pueden delatar su estado emocional.

La mayoría de los gestos cumplen la función de reforzar el mensaje verbal (ilustradores), aunque existen otros cuya función es regular las intervenciones cuando se dirige una discusión de grupo.

_____

Expresiones faciales

Las expresiones de la cara transmiten las emociones y permiten obtener fácilmente una respuesta del alumno.

Una expresión facial agradable, como una sonrisa no forzada, facilita la creación de un ambiente relajado en el aula. Una sonrisa puede ser muy útil también para romper la tensión que inevitablemente surge en algunas sesiones.

_____

Mirada

La mirada, junto con la postura, es uno de los mejores métodos para transmitir confianza (en momentos de nerviosismo se tiende a apartar la vista) y para captar la atención de los alumnos.

Mientras el formador habla debe mantener la mirada sobre los alumnos la mayor parte del tiempo, mirándolos el tiempo suficiente como para que se sientan atendidos pero no incómodos. También se puede utilizar la mirada durante las discusiones de grupo, con una función reguladora de las distintas intervenciones.

Desplazamientos

Realizar desplazamientos en el aula capta la atención del alumnado, además de facilitar el contacto visual. Hay que procurar que no sean repetitivos o bruscos (pasear cerca de los alumnos), y cambiar de un recurso a otro (ir de la pizarra al retroproyector), etc.

 **RECUERDE**

Los recursos no verbales que estudia la Kinesia son:

- Posturas.
- Gestos.
- Expresiones faciales.
- Mirada.
- Desplazamientos.

Estos recursos pueden utilizarse tanto para reforzar lo que se expresa mediante la comunicación verbal como para sustituirlo.

Proxémica

El aspecto de la proxémica que más interesa es la proximidad física entre los individuos, ya que los alumnos pueden sentirse violentos si el formador se aproxima excesivamente a ellos o, por el contrario, verle distante si no se acerca.

Se debe prestar atención a este aspecto, tanto durante las intervenciones como al distribuir el espacio del aula que se va a emplear, evitando siempre que los asientos estén demasiado juntos o demasiado separados.

Paralingüística

Para captar la atención del público, los oradores suelen hacer uso de determinados aspectos como el tono de voz o las pausas, que en algunos casos pueden parecer exagerados.

El formador, aunque emplee el método de la lección magistral, no es un orador y, por tanto, no debe prestar especial atención a estos aspectos, excepto cuando le plantean algún problema, debido a la ansiedad, al cansancio o a un mal estado de salud. Practicar en voz alta y realizar grabaciones durante la fase de preparación puede ayudar a vencer estas dificultades.

Volumen

Aunque el aula sea pequeña, se tiene que realizar el esfuerzo de hablar lo suficientemente alto para que todos los alumnos oigan las explicaciones y, a la vez, transmitir confianza. En general, el volumen se ajustará instintivamente cuando se compruebe dónde se sitúa la persona que se encuentra más alejada.

Entonación

El problema más frecuente, especialmente si se está cansado, es la monotonía, que no contribuye a captar la atención ni a motivar a los alumnos.

El interés que el formador muestre por el tema y una correcta preparación le hará destacar los puntos clave y jugar con la entonación de una forma adecuada a lo largo de toda la exposición.

Pronunciación

Los problemas se presentan especialmente cuando se está nervioso o se habla demasiado rápido. Se debe hacer un esfuerzo por articular todas las palabras de manera limpia y clara, abriendo la boca lo suficiente para pronunciar correctamente las sílabas, consonantes y vocales.

Velocidad

Una velocidad correcta puede ayudar a resolver problemas de pronunciación y de entonación. Se debe hablar a una velocidad normal o algo superior, para facilitar el mantenimiento de la atención. No obstante, si se está nervioso, se puede hablar con mayor lentitud para facilitar la respiración y relajarse. También se debe reducir la velocidad cuando se expliquen conceptos técnicos complejos o cuando se espere alguna respuesta por parte de los alumnos.

 RECUERDE

Los elementos que trata la Paralingüística son:

- El volumen.
- La entonación.
- La pronunciación.
- La velocidad.

Proyección física

Existen determinados factores que, sin que la persona diga ni haga nada, transmiten información y hacen referencia a la imagen física que esta persona proyecta.

Es fundamental que el formador transmita una imagen positiva para los alumnos. Se debe cuidar el aspecto externo y los artefactos que se usen, como los adornos y prendas de vestir. La manera adecuada de vestir depende de la situación y siempre debe estar en consonancia con lo que cada colectivo de alumnos espera del formador.

 EJEMPLO

Sería negativo vestir pieles para impartir un curso cuyo objetivo fuese desarrollar actitudes positivas hacia la protección del medio ambiente.

En cualquier caso, se debe llevar ropa que resulte cómoda, bien cuidada y no demasiado llamativa. A los adornos y al peinado se aplican las mismas reglas que al vestido.

 IMPORTANTE

Un objetivo fundamental del formador es dirigir la atención de los alumnos hacia el contenido que está desarrollando, nunca hacia su persona.

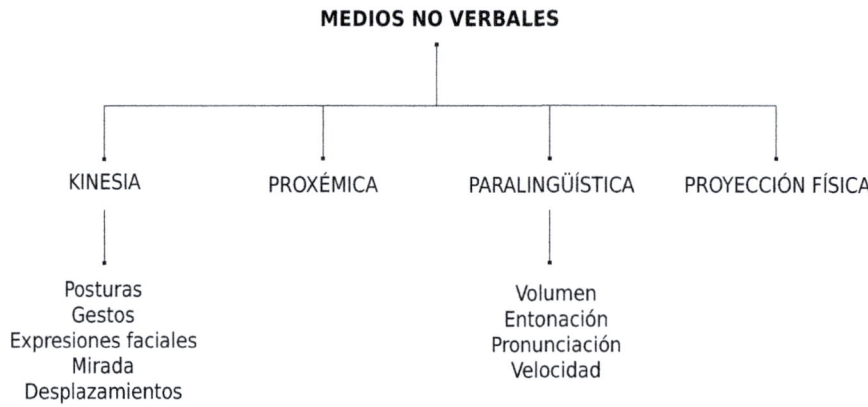

Finalmente, conviene recordar que si el formador observa atentamente la comunicación no verbal que expresan los alumnos, obtendrá una gran cantidad de información.

Hay numerosos signos no verbales que puede mostrar el alumno:

- **Atención:** posturas del cuerpo (inclinado hacia delante, hacia atrás...).
- **Necesidad de hablar:** movimientos sutiles de la boca, de la mano, etc.
- **Irritación:** movimiento de pies, manipulación de objetos sobre la mesa, etc.
- **Concentración:** tomar apuntes, mirar al docente, etc.
- **Cansancio:** cuerpo hundido, suspiros, etc.
- **Inercia:** silencios de todo el grupo, etc.
- **Desinterés:** cerrar el cuaderno, bostezar, mirar al vacío, etc.
- **Sorpresa:** levantar los brazos, abrir la boca, levantar las cejas, abrir los ojos, etc.

Si se observan estos elementos de forma atenta, se podrá obtener información sobre la comprensión del mensaje y el estado emocional de los alumnos, lo que será de gran utilidad para el formador durante el curso.

La comunicación no verbal aporta información al formador sobre los alumnos

5. Técnicas de secuenciación de contenidos

Una vez seleccionados los contenidos, hay que ordenarlos secuencialmente. La **secuenciación y estructuración de los contenidos** es el proceso que permite situarlos en una configuración que produce el máximo aprendizaje en el mínimo tiempo posible.

Algunas de las técnicas para la secuenciación de contenidos son las siguientes:

⮌ Que los contenidos estén de acuerdo con los objetivos propuestos y con los plazos previstos para conseguirlos.

⮌ Empezar por los contenidos más próximos y significativos para el alumno, para llegar poco a poco a lo desconocido. De esta manera, resultará más fácil introducir los nuevos contenidos.

⮌ Ir de lo inmediato a lo remoto.

⮌ Ir de lo concreto a lo abstracto.

⮌ Ir de lo más fácil a lo más difícil. Esto motiva al alumnado porque le va mostrando los avances de manera rápida.

Las principales ventajas que este proceso conlleva son:

⮌ Ayuda al participante a pasar de un conocimiento o habilidad a otro.

⊃ Garantiza que los conocimientos y habilidades previas son alcanzados antes de introducir elementos nuevos.

⊃ Reduce el tiempo de formación.

⊃ Evita la confusión y los fallos en el participante.

Estos puntos son los principales aspectos a tener en cuenta cuando se realiza la presente fase de la programación de la formación, es decir, cuando se fijan los contenidos de la formación.

6. La selección y planificación de estrategias didácticas

Las personas que realizan un curso de formación son diversas, por ello es muy importante que las estrategias didácticas se adapten, de la mejor forma posible, al contexto y permitan una flexibilidad.

 **DEFINICIÓN**

Estrategias didácticas

Son procedimientos que el formador emplea para facilitar el aprendizaje, con la intención de que éste sea significativo.

- -

Tras la selección y estructuración de contenidos, llega el momento de decidir la modalidad de formación a seguir y la metodología a utilizar en su impartición. Pero esta decisión no se puede tomar arbitrariamente, sino que ha de basarse en unos criterios. Los criterios de decisión básicos para determinar qué estrategia y qué método de formación es el adecuado, son:

⊃ La compatibilidad con los objetivos.

⊃ Los principios generales del aprendizaje del adulto: individualización, motivación, utilidad, practicidad, intereses, etc.

⊃ Los principios de rigor, realismo y participación.

⊃ El carácter eminentemente aplicativo de los aprendizajes.

⊃ La posibilidad de transferir los aprendizajes al puesto de trabajo.

⊃ Los recursos disponibles, incluido el tiempo.

⊃ Los factores relacionados con los participantes, como el estilo de aprendizaje, la edad, el tamaño del grupo, la motivación, etc.

Una vez escogido el método, se observa que ninguno es químicamente puro, sino que unos participan de otros. Por lo demás, todo método puede ser adecuado o inadecuado dependiendo del modo en que sea empleado.

Los formadores deben utilizar los métodos flexiblemente, de la forma que mejor se adapten al estilo de formación, a la materia y a los alumnos, complementando cada método con la técnica y recurso didáctico más acorde.

7. La selección y planificación de medios y recursos didácticos

Para realizar cualquier acción formativa, hace falta algo más que elegir y aplicar unos métodos y unas técnicas. Son necesarios los medios y recursos didácticos, que van a ayudar a desarrollar la metodología seleccionada en el aula. Los medios y recursos didácticos permiten el trasvase de información formador-alumno.

 **DEFINICIÓN**

Medios didácticos
Son materiales elaborados para facilitar los procesos de enseñanza-aprendizaje.

Recursos didácticos
Son soportes mediante los cuales se presentan los contenidos del curso a los alumnos.

A la hora de escoger el medio o recurso a utilizar, se deben tener en cuenta los siguientes criterios:

- **Características de la materia o tema.** Dependiendo de la naturaleza de los contenidos, éstos pueden ser transmitidos por unos u otros métodos.
- **Los objetivos del curso.** Toda selección de medios y estrategias de enseñanza deben realizarse en función de éstos.
- **La disposición del aula y el número de alumnos.** Hay que tener cuidado, sobre todo en la visibilidad de alguno de los recursos, porque pueden perder eficacia.
- **Tiempo disponible para la formación.** Este elemento tiene que estar siempre presente, porque, en función del tiempo que se tenga, se elegirá lo que se adapte mejor a las necesidades.
- **Recursos disponibles,** ya que en algunas ocasiones están a nuestro alcance.
- **El uso que se haga de ellos,** cuál es la finalidad, qué es lo que se pretende y en qué momento se van a utilizar.
- **El nivel de conocimiento de los alumnos** sobre el tema.

Todos estos puntos se han de tener en cuenta a la hora de escoger un medio o recurso didáctico. La finalidad de éstos no es otra que la de fundamentar, apoyar y reforzar el acto formativo.

8. La planificación de la evaluación del proceso de enseñanza-aprendizaje

La aplicación de programas de formación lleva a la obtención de unos determinados resultados. Éstos serán los frutos de la formación y mostrarán el grado de eficacia y eficiencia con que se lleva a cabo la función formativa.

Los resultados indican el éxito de la formación mediante su contraste con los objetivos fijados anteriormente. Este procedimiento recibe el nombre de **evaluación,** proceso ampliamente conocido y con trascendencia reconocida para la formación. Según el proceso de evaluación aplicado, los resultados obtenidos serán reales y fiables, o bien, falseados.

Para que los resultados de la evaluación muestren con certeza el grado de éxito alcanzado con la formación, es necesario un requisito previo: el establecimiento de criterios de evaluación durante el proceso de planificación de la formación. Los criterios actúan como puntos de referencia, a partir de los cuales se valoran los resultados obtenidos.

Los criterios de evaluación han de fijarse con mucha atención, ya que determinan el proceso de evaluación, y éste juzga el grado de éxito de la función formativa.

El primer aspecto a tener en cuenta es la validez: los criterios de evaluación han de ser válidos en relación a los elementos del proceso formativo.

Los aspectos que determinan el grado de validez de los criterios de evaluación son:

- La relevancia.
- La no deficiencia.
- La no contaminación.
- Su fiabilidad.

El establecimiento de criterios válidos y fiables permitirá elaborar un proceso de evaluación de la formación que mida rigurosamente la eficacia y la eficiencia de la función formativa.

9. El seguimiento formativo

El seguimiento es un proceso continuo que sirve para evaluar la eficacia del uso de los recursos y para saber qué iniciativas se pueden emprender para mejorar el aprovechamiento de los recursos formativos.

El seguimiento, además de realizarse después de haber finalizado la planificación formativa, también se realiza antes de la acción.

9.1. Características

El seguimiento formativo permite evaluar los distintos componentes (desde los alumnos hasta todos los elementos que forman la programación) que intervienen en él durante todo el proceso de formación.

El seguimiento formativo se diferencia de la evaluación en que éste tiene que ver más con tareas organizativas, de coordinación, administrativas, etc.; sin embargo, la evaluación valora aspectos de los procesos de formación, como pueden ser la comunicación, el aprendizaje de los nuevos conocimientos, etc.

Con la realización adecuada de un seguimiento formativo:

- Se pueden **descubrir errores o desajustes** en el proceso de enseñanza-aprendizaje antes de que se realice la evaluación final para comprobarlos.
- Se pueden **corregir los errores** en el momento en el que se están produciendo.
- Además, **se detectan los aspectos positivos** que tienen lugar a lo largo de todo el proceso y las **posibles mejoras** que se pueden realizar.

El seguimiento formativo tiene que ser realizado por todas las personas que están implicadas en la realización de los cursos de formación (tutores, coordinadores, técnicos, etc.), por ello, el formador es una figura importante en el proceso de formación, ya que se encuentra implicado en él.

El proceso de formación debe estar planificado, pensado y planteado antes de que empiece la acción de formación, nunca debe llevarse a cabo de manera cerrada, sino que tiene que estar abierto a cualquier cambio que se considere necesario.

9.2. Finalidad

Son varias las finalidades que persigue el seguimiento formativo:

- Ayudar a comprender por qué ocurren algunas cosas y qué se puede hacer para intervenir en ese proceso que se está llevando a cabo.
- Identificar y solucionar los problemas que surgen a lo largo del proceso.
- Contribuir para elaborar planes de formación de manera objetiva, sin desviarse de la finalidad éste.
- Colaborar en la disminución y control del uso de los recursos materiales.
- Determinar el nivel que puede alcanzar el rendimiento y relacionarlo con el rendimiento actual.
- Diagnosticar y detectar problemas para llevar a cabo las acciones correctivas pertinentes.

9.3. Planificación

El seguimiento formativo debe planificarse antes y durante la acción formativa.

El objetivo de este seguimiento es comprobar la eficacia de la acción formativa antes de que ésta llegue a su fin, es decir, es necesario que durante este proceso todos los elementos que van a formar parte del aprendizaje estén planificados.

Los dos momentos que hay que tener en cuenta para planificar el seguimiento formativo son:

- **Antes de la acción formativa:** es necesario conocer las necesidades, el perfil del alumno, qué materiales, instrumentos, recursos, medios didácticos se van a usar.
- **Durante la acción formativa:** aquí el seguimiento se utiliza para comprobar los posibles errores y mejoras que se pueden llevar a cabo. Ofrece la posibilidad de poder modificar aquellas acciones o medios que dificultan el avance del aprendizaje.

10. Instrumentos para el seguimiento

A lo largo de un ciclo formativo pueden suceder errores y surgir problemas, esto abarca desde la identificación de necesidades hasta la planificación, el diseño, la implantación y la evaluación. Por todo esto, es importante saber cuál es la causa del problema y saber tomar las medidas oportunas para que no se origine nuevamente.

Para detectar el origen del problema, siempre se necesita una información determinada, ésta sólo se puede obtener mediante técnicas que ayuden a obtenerlas, es decir, que permitan recabar y analizar los datos obtenidos.

Para el seguimiento del proceso de enseñanza-aprendizaje, se pueden confeccionar diferentes tipos de instrumentos de evaluación, como pueden ser los cuestionarios y utilizar la observación directa, etc., si el tipo de formación lo permite (presencial o semipresencial). Estos instrumentos variarán según el tipo de datos que se quiera conseguir.

Un ejemplo de plantilla para recoger y analizar la información podría ser esta:

CURSO:		1º Módulo	2º Módulo	3º Módulo
Objetivos del módulo	Suficiente			
	Insuficiente			
	Adecuado			
	Inadecuado			
Contenidos del módulo	Suficiente			
	Insuficiente			
	Adecuado			
	Inadecuado			

Continúa en página siguiente >>

<< Viene de página anterior

CURSO:		1º Módulo	2º Módulo	3º Módulo
Metodología	Suficiente			
	Insuficiente			
	Adecuado			
	Inadecuado			
Actividades y recursos	Suficiente			
	Insuficiente			
	Adecuado			
	Inadecuado			
Recursos materiales	Suficiente			
	Insuficiente			
	Adecuado			
	Inadecuado			
Recursos humanos	Suficiente			
	Insuficiente			
	Adecuado			
	Inadecuado			
Proceso de evaluación	Suficiente			
	Insuficiente			
	Adecuado			
	Inadecuado			
Nivel de satisfacción del alumnado	Suficiente			
	Insuficiente			
	Adecuado			
	Inadecuado			

Para el seguimiento del aprendizaje, como la información que se obtiene es de diferente índole, se recogerá mediante la aplicación de las técnicas seleccionadas y elaboradas para la evaluación de cada uno de los aspectos planteados (observación directa de los trabajos, participación, cuestionarios acerca de la motivación y satisfacción del alumnado, etc.).

<< *Viene de página anterior*

Por ejemplo, los contenidos que se podrían incluir en la "parrilla" de análisis son los siguientes:

CURSO		1er Módulo	2º Módulo	3er Módulo
Conceptos (comprende los contenidos conceptuales)	Con facilidad			
	Con normalidad			
	Con dificultad			
Procedimientos (aplica y desarrolla los contenidos procedimentales)	Con facilidad			
	Con normalidad			
	Con dificultad			
Actitudes (manifiesta las actitudes adecuadas a los contenidos)	Con facilidad			
	Con normalidad			
	Con dificultad			
Motivación y participación	Con facilidad			
	Con normalidad			
	Con dificultad			
Satisfacción del alumno	Con facilidad			
	Con normalidad			
	Con dificultad			

Dos de las herramientas básicas son:

- ⮕ **Los diagramas de flujo:** éstos sirven para desglosar en forma de componentes, para presentar una clara imagen de lo que ocurre.
- ⮕ **Los checklists:** éstos son especialmente útiles para garantizar que se han realizado todas las acciones necesarias. Es otro método de ayuda orientado a los formadores y participantes para preparar, utilizar y solucionar los problemas del equipamiento.

Otros métodos de seguimiento y control que pueden ayudar en la formación son:

➲ Las reuniones formales e informales.
➲ Pasar un informe de las sesiones, cuestionarios de satisfacción o formularios de evaluación del curso.
➲ Entrevistas de evaluación.

 **RECUERDE**

Algunos de los instrumentos de seguimiento más utilizados son:

• Cuestionario de satisfacción
• Cuestionario de motivación
• Observación directa
• Reuniones formales e informales
• Entrevistas de evaluación

11. Metodología de la evaluación del diseño de formación

Los métodos empleados en la evaluación siempre suelen son los mismos, independientemente de que se evalúen los objetivos, los contenidos, los recursos, etc. A pesar de esto, hay que tener en cuenta que no se deben utilizar todos los métodos que se van a nombrar, sino que todo dependerá de lo que se esté evaluando.

Los métodos más frecuentes son:

➲ Observación sistemática.
➲ Observación mediante observadores externos o internos del grupo.

- Análisis de trabajo.
- Entrevistas personales.
- Situaciones de simulaciones.
- Diálogos, debates.
- Cuestionarios específicos.
- Inventarios.
- Grabaciones en vídeo.
- Etc.

11.1. Evaluación de los objetivos

Cuando se diseña el programa formativo, se deben concretar los objetivos que serán objeto de evaluación al finalizar el curso, para comprobar si éstos se han alcanzado o no.

Los objetivos marcan aquellos aspectos claves que debe adquirir el alumno para alcanzar unas competencias determinadas. Éstos determinarán lo que el alumno será capaz de saber y saber hacer al acabar el curso, en unas condiciones dadas y con unos medios determinados.

Si, al finalizar el curso, se observa que los objetivos no se han cumplido en su totalidad, hay que analizar cuál ha sido la causa de este error y corregirlos. Si se han cumplido los objetivos, habrá que determinar los motivos de éxito, para volver a ponerlos en práctica en futuros cursos.

Los objetivos marcados al inicio de la formación sirven para:

- Dirigir la formación, es decir, saber hacia dónde se quiere llegar con ésta.
- Comprobar qué se ha logrado.
- Facilitar la evaluación, ya que se sabe cuáles son los objetivos que hay que evaluar.
- Reorientar la formación en el mismo momento que se está realizando.
- Elegir los métodos más adecuados para la formación.

La evaluación de los objetivos debe medirse atendiendo a:

⮑ **Objetivos generales:** son utilizados para saber cuáles son las competencias generales.
⮑ **Objetivos específicos:** parten de los objetivos generales.
⮑ **Objetivos operativos:** son derivados de los específicos. Son objetivos más concretos y siempre deben estar relacionados con actividades u operaciones determinadas. Son los más fáciles de medir.

 **EJEMPLO**

Objetivos específicos para evaluar un curso de primeros auxilios:

• Aprender los conceptos básicos y generales de los primeros auxilios.
• Adquirir las habilidades y aplicar los principios de actuación para poder reaccionar adecuadamente en situaciones de urgencia.
• Conocer los aspectos jurídicos relacionados.

11.2. Evaluación de los contenidos

La evaluación de los contenidos se realizará para comprobar si los objetivos que se habían marcado al principio de la formación se han logrado, así como para eliminar aquellos contenidos que no aportan nada al curso.

Se debe tener siempre en cuenta que se puede lograr un mismo objetivo de formación utilizando diversos contenidos.

Para evaluar los contenidos, hay que comprobar si se ha seguido una secuencia lógica a la hora de impartirlos. Esta secuencia permite que los contenidos sean adquiridos por los alumnos de una manera más significativa, es decir, facilita el aprendizaje de los mismos.

Para que la evaluación de los contenidos resulte positiva, éstos deben ir expuestos:

➲ De acuerdo con los objetivos propuestos y con los plazos previstos para conseguirlos.
➲ De lo conocido a lo desconocido.
➲ De lo inmediato a lo remoto.
➲ De lo concreto a lo abstracto.
➲ De lo fácil a lo difícil.

Otro aspecto a tener en cuenta para que la evaluación de los contenidos sea positiva, es que éstos se deben estructurar adecuadamente, por ejemplo, mediante módulos, unidades didácticas, etc. Éstas tienen que abarcar los conocimientos, las habilidades y las actitudes que capacitan al alumno para poner en práctica las funciones que desempeñará en su puesto de trabajo. Por lo general, se pueden constituir equivalencias entre objetivos generales y cursos, objetivos específicos y módulos, unidades didácticas, etc. así como entre objetivos operativos y sesión formativa,.

👁 EJEMPLO

Siguiendo el ejemplo anterior de primeros auxilios, los contenidos que se evaluarán para comprobar si se han logrado o no los objetivos anteriormente propuestos, son:

• Primeros auxilios: conceptos generales.
• Soporte vital básico (reanimación cardio-pulmonar)-adultos.
• Soporte vital básico-niños.
• Soporte vital instrumental.
• Traumatismos osteoarticulares. Inmovilizaciones (vendajes y férulas improvisadas).
• Movilización de urgencia y posiciones de espera.
• Traumatismos craneales y vertebro-medulares.
• Otras situaciones de emergencia.

11.3. Evaluación de la metodología

La evaluación de la metodología consiste en comprobar que los métodos que se han utilizado son los adecuados para lograr los objetivos formativos, aunque éstos deben ser flexibles a la hora de utilizarlos, ya que deben adaptarse a la materia tratada, a los alumnos, a los recursos disponibles, etc.

Para conseguir que la evaluación de la metodología sea positiva, se deben tener en cuenta las características que se emplean para definir un método. Éstas pueden ser:

- Presentar y mostrar la problemática del tema para que, a través de la reflexión y el esfuerzo, el alumno pueda resolverla.
- Respetar tanto la libertad de expresión como de creación.
- Las actividades que están destinadas al alumno tienen que ser dirigidas por el formador para que el alumno reflexione y participe.
- Motivar al alumno, relacionando los temas con sus intereses, motivaciones y necesidades.
- Organizar los nuevos aprendizajes para que se integren con los ya adquiridos.
- Tener en cuenta las limitaciones y las posibilidades que tiene cada alumno.
- Dar lugar a la acción individualizada a través de tareas que requieran planteamientos y acciones individualizadas.

11.4. Evaluación de actividades y recursos

Las **actividades** son unos elementos que acompañan a los contenidos formativos, ya que éstas refuerzan los contenidos que son expuestos por el formador. Siempre debe existir coordinación entre ambos, para esto se deben seleccionar adecuadamente tanto los métodos como las técnicas.

Para evaluar las diversas actividades que se han desarrollado, hay que formular una serie de preguntas para saber si las actividades han sido eficaces o han fallado en su ejecución. Algunas de estas preguntas pueden ser:

- ¿Qué ha hecho el alumno?
- ¿Ha sabido aplicar los conocimientos necesarios para lograr resolver las actividades?
- ¿Valora y comprende la finalidad de la actividad?
- ¿Ha mostrado interés en la realización de la misma?
- ¿Qué ha aprendido?
- ¿Han sido válidas las actividades?
- ¿Cuáles han fallado? ¿Por qué?
- ¿Se han alcanzado los objetivos?
- Etc.

Junto con las actividades, los recursos también tienen que ser evaluados, ya que de ellos va a depender en cierta manera la eficacia de las actividades. Por eso, en la evaluación de los recursos hay que tener en cuenta la eficacia de aquellos que se han utilizado y cuáles son los que se hubieran necesitado para desarrollar el curso.

Se pueden distinguir varios criterios para evaluar la eficacia de los recursos:

- Su calidad, porque actúa como mediador entre la realidad y la estructura cognitiva del alumno.
- El contexto metodológico, ya que todo va a depender de la metodología usada por el formador.
- Los propios alumnos, sus motivaciones, intereses, etc.
- La experiencia del formador en el manejo de los diversos recursos, sus habilidades, etc.

También es necesario tener en cuenta qué evaluar de los recursos:

- La rentabilidad de éstos.
- El aprovechamiento para distintas finalidades.
- El mantenimiento.
- La actualización, deben adaptarse a las nuevas tecnologías.
- La adecuación al proceso de enseñanza-aprendizaje.
- Posibilitar la acción, estimular y responder a las curiosidades presentes en el alumnado.

11.5. Evaluación del formador

La figura del formador es muy importante a lo largo de todo el proceso formativo, ya que, en cierta manera, el éxito o el fracaso de la formación recae sobre él, por lo tanto, es imprescindible conocer previamente a la persona que va a impartir un curso.

El formador es el mediador entre los contenidos y los alumnos, por lo que debe evaluarse de forma continua y a lo largo de todo el proceso de enseñanza-aprendizaje, así como al final del proceso, momento en que se comprobará si los métodos y estrategias que ha diseñado y utilizado han sido los adecuados, introduciendo posibles modificaciones para las prácticas futuras.

La evaluación del formador se puede realizar desde varias vertientes, en cada una de ellas se evalúan aspectos diferentes, pero todas persiguen el mismo fin, que es fomentar la calidad de la formación.

Evaluación realizada por los alumnos

Los alumnos pueden evaluar aspectos como la relación del formador con los alumnos, la organización de las sesiones, el control de clase, la efectividad de la enseñanza, etc.

En la siguiente tabla se muestra un cuestionario a modo de ejemplo:

Marque la opción que más se adecúe a las características que prevalecieron a lo largo del curso

1. Las oportunidades que tuve para realizar preguntas en clase fueron:
   a. Frecuentes
   b. Regulares
   c. Escasas
   d. Muy escasas

Continúa en página siguiente >>

<< *Viene de página anterior*

Marque la opción que más se adecúe a las características que prevalecieron a lo largo del curso

2. El interés que mostró el formador respecto a los alumnos fue:
   a. Satisfactorio
   b. Regular
   c. Poco
   d. Muy pobre

3. El clima existente en el aula fue:
   a. Bueno
   b. Regular
   c. Tenso
   d. Malo

4. En la prueba final se evaluaban los contenidos dados a lo largo del curso:
   a. Sí
   b. No

5. El material presentado en el curso fue:
   a. Original
   b. Poco original
   c. Nada original

6. Las actividades que realicé para asimilar los contenidos fueron:
   a. Útiles
   b. Regulares
   c. Pobres
   d. Inútiles

7. El contenido marcado para el curso se expuso en su totalidad:
   a. Sí
   b. No

8. El grupo de alumnos afectó a mi aprendizaje:
   a. De manera positiva
   b. De manera negativa
   c. No me afectó

9. El material audiovisual me pareció:
   a. Atractivo
   b. Regular
   c. Inadecuado

Continúa en página siguiente >>

<< Viene de página anterior

Marque la opción que más se adecúe a las características que prevalecieron a lo largo del curso

10. Los procesos, problemas y soluciones experimentados en el trabajo en
    grupo fueron:
    a. Bien planteados
    b. Regular planteados
    c. Mal planteados

11. Las exposiciones por parte del docente me parecieron:
    a. Buenas
    b. Regulares
    c. Malas

12. La actuación del profesor durante el curso evidenció:
    a. Un elevado conocimiento de la materia
    b. Un mediano conocimiento
    c. Un escaso conocimiento

13. El profesor supo controlar las conductas perturbadoras
    sucedidas a lo largo del curso de forma:
    a. Eficaz
    b. Regular
    c. Ineficaz

14. El ritmo que siguió el profesor al exponer los contenidos me pareció:
    a. Muy bueno
    b. Satisfactorio
    c. Monótono

15. La secuencia de presentación de los contenidos del curso fue:
    a. Lógica
    b. Regular
    c. Arbitraria

16. La actuación del profesor despertó interés y motivación:
    a. Muchas veces
    b. Algunas veces
    c. Pocas veces
    d. Ninguna vez

Evaluación realizada por el propio formador

En esta evaluación, el formador va a evaluar la preparación del curso, el desarrollo del mismo, y también realizará una evaluación propia de su actuación como formador.

En la siguiente tabla se muestra un cuestionario a modo de ejemplo:

Marque la opción que más se adecúe a las características que prevalecieron a lo largo del curso

A. PREPARACIÓN DEL CURSO

1. ¿Cómo ha sido el tiempo con el que ha contado?
   a. Suficiente
   b. Insuficiente

   ¿Por qué? _____

2. ¿Cómo considera la distribución de las sesiones del curso?
   a. Adecuadas
   b. Inadecuadas

   ¿Por qué? _____

3. ¿Ha dispuesto de las guías didácticas del curso?
   a. Sí
   b. No

   ¿Por qué? _____

4. ¿Ha dispuesto de los recursos necesarios para la preparación de sus sesiones?
   a. Sí
   b. No

   ¿Cuáles le han hecho falta? _____

5. Teniendo en cuenta su nivel de formación, ¿ha necesitado apoyo por parte de la dirección del curso?
   a. Sí
   b. No

   ¿Cómo ha sido el apoyo? _____

Continúa en página siguiente >>

<< Viene de página anterior

**Marque la opción que más se adecúe a las características
que prevalecieron a lo largo del curso**

B. DESARROLLO DEL CURSO

6. ¿El desarrollo de las sesiones (distribución y tiempo) se ha correspondido con la planificación prevista?
   a. Sí
   b. No

7. ¿La metodología utilizada para el desarrollo de las sesiones ha propiciado la participación e implicación del alumnado?
   a. Sí
   b. No

   ¿Por qué? _____

8. ¿Considera que el clima del curso ha sido el adecuado?
   a. Sí
   b. No

   ¿Por qué? _____

9. ¿El contexto donde se ha desarrollado el curso ha sido adecuado y oportuno?
   a. Sí
   b. No

   ¿Por qué? _____

10. ¿Ha conseguido los objetivos propuestos?
    a. Sí
    b. No

    ¿Por qué? _____

C. AUTOEVALUACIÓN

11. Evalúe de 1 a 4 los siguientes apartados relacionados con su intervención como formador, donde:

    1. Considero imprescindible mejorar mi formación en este aspecto.
    2. Considero necesario mejorar mi formación en este aspecto.
    3. Cuento con recursos necesarios para el desarrollo ajustado del curso, pero podría encontrar dificultades si éste cambia el rumbo prefijado.
    4. Mi formación al respecto es adecuada y dispongo de recursos suficientes para el desarrollo óptimo del curso.

Continúa en página siguiente >>

< < Viene de página anterior

**Marque la opción que más se adecúe a las características
que prevalecieron a lo largo del curso**

	1	2	3	4
Dominio de los contenidos				
Metodología/didáctica empleada				
Comunicación con el alumnado				
Trabajo en equipo				

D. AMPLIACIÓN

Puede anotar a continuación cualquier aportación que desee realizar y no haya sido considerada en este cuestionario.

_____

_____

11.6. Tipos de evaluación

Existen diferentes tipos de evaluación, cada una se aplicará atendiendo a diferentes criterios.

Según su finalidad o función de la evaluación

Diagnóstica

Esta evaluación, como su nombre indica, tiene un carácter diagnóstico, ya que permite que se conozcan las potencialidades del alumno. De esta manera, la actividad didáctica se dirige de forma más efectiva.

Formativa

Se utiliza como estrategia para mejorar y ajustar los procesos formativos en el momento que se están llevando a cabo, para alcanzar las metas y los objetivos marcados. La evaluación formativa es aplicable a la evaluación de procesos.

Sumativa

Se aplica a la evaluación de productos terminados, es decir, se sitúa concretamente cuando finaliza un proceso, cuando éste se considera acabado. Su propósito es determinar el grado en que se han conseguido los objetivos establecidos, para evaluar de forma positiva o negativa el resultado. Esta evaluación permite tomar medidas tanto a medio como a largo plazo.

Según el momento de aplicación de la evaluación

Inicial

Se produce al principio del proceso de enseñanza-aprendizaje. La función que tiene la evaluación inicial es identificar el nivel de conocimientos que tienen los alumnos que inician un curso y, de esta manera, comprobar si los alumnos cuentan con los conocimientos necesarios para comenzarlo, y determinar si es posible impartirlo de acuerdo al programa formativo o si se requiere alguna modificación.

Procesual

La evaluación procesual se basa en valorar, de forma continua, el aprendizaje de los alumnos y la enseñanza del profesor, a través de la recogida sistemática de datos, toma de decisiones, etc.

La evaluación procesual es totalmente formativa, ya que, al favorecer la recogida continua de datos, permite tomar decisiones en el mismo momento que se considere necesario.

Los resultados que se obtienen forman la base permanente para el formador a la hora de programar las actividades diarias, así como para establecer las actividades y los procedimientos más apropiados. De esta manera, se evitan las dificultades que se puedan producir en los aprendizajes que se están llevando a cabo. La finalidad de todo esto es evitar errores y vacíos en los aprendizajes posteriores.

_____

Final

La evaluación final es aquella que se realiza al finalizar la formación, por lo tanto ésta recoge y valora los resultados obtenidos a lo largo de un periodo formativo.

─────────────

Según su extensión

_____

Global

Tiene en cuenta todos los elementos y procesos que guardan relación con todo lo que es objeto de evaluación. Por ejemplo, si se trata de evaluar el proceso de aprendizaje de los alumnos, esta evaluación se centra en todas las áreas en general, pero sobre todo en los diversos tipos de contenidos de enseñanza (conceptos, procedimientos, valores, normas, etc.).

_____

Parcial

Esta evaluación no se realiza de manera global, sino que se lleva a cabo por partes, es decir, evalúa los componentes que más interesan.

Según los agentes que realizan la evaluación

Autoevaluación o evaluación interna

Es el proceso sistemático mediante el cual una persona o grupo examina y valora sus procedimientos, comportamientos y resultados, para identificar qué quiere corregir o modificar en él. La evaluación interna muestra que los alumnos están más motivados a la hora de realizar una tarea difícil. La puesta en práctica de la autoevaluación no conlleva que el profesorado abandone sus funciones, sino que implica una concepción diferente de la enseñanza.

La autoevaluación ofrece al estudiante ayuda para descubrir sus necesidades, cantidad y calidad de su aprendizaje, causas de sus problemas, dificultades y éxitos en el estudio. De esta manera, el alumno puede conocerse de manera más concreta.

Heteroevaluación o evaluación externa

La evaluación externa es realizada o llevada a cabo por otra persona que no es el protagonista del aprendizaje. En esta evaluación, lo más frecuente es que el profesor evalúe al alumno.

TIPOS DE EVALUACIÓN	
Según su finalidad o función	- Diagnóstica - Formativa - Sumativa
Según su momento de aplicación	- Inicial - Procesual - Final
Según su extensión	- Global - Parcial
Según los agentes que la realizan	- Autoevaluación o evaluación interna - Heteroevaluación o evaluación externa

Solucionarios de ejercicios de repaso y autoevaluación

Contenido

Atención e información de la demanda de prestación de servicios funerarios y realización de las operaciones de cobro

Ejercicios de autoevaluación
Unidad de Aprendizaje 1

1. Para la correcta comunicación efectiva es importante dominar una serie de técnicas y habilidades sociales. Para ello recurriremos a una serie de aptitudes y actitudes que llevaremos a cabo durante la conversación. Enumera al menos cuatro de ellas.

   - Asertividad
   - Empatía
   - Escucha activa
   - Respeto
   - Amabilidad
   - Comprensión
   - Contacto visual
   - Inteligencia emocional

2. ¿Qué es la asertividad?

   Una parte de las habilidades sociales que consiste en tener la capacidad de comunicar a las personas que nos rodean nuestros sentimientos y necesidades, pero evitando herir y ofender a los demás.

3. Elige la respuesta correcta sobre la empatía:

   a. La empatía es aquella que reúne las conductas y pensamientos que nos permiten defender los derechos de cada uno sin agredir ni ser agredido.
   b. En la comunicación con empatía se trata de que ambas partes queden satisfechas.
   c. La empatía consiste en evitar conectar con los demás, ser conscientes de sus necesidades y actuar de manera solidaria.
   d. **Es importante que el personal funerario tenga esta habilidad, ya que la empatía es un componente fundamental en el sector funerario, nos ayuda a establecer conexión emocional, fomentar la comprensión mutua y brindar apoyo a los demás.**

4. Indica si las siguientes oraciones son verdaderas o falsas:

a. La escucha activa es una habilidad de comunicación.

- ■ **Verdadero**
- ■ Falso

b. En la escucha activa se tiene contacto visual y se presta atención a los gestos y expresiones corporales.

- ■ **Verdadero**
- ■ Falso

c. En la escucha activa se trata simplemente de oír las palabras que se dicen.

- ■ Verdadero
- ■ **Falso**

d. Una de las pautas para llevar a cabo en la escucha activa es ir pensando previamente las respuestas que vas a dar.

- ■ Verdadero
- ■ **Falso**

5. Elige la respuesta correcta sobre la conducta pasiva:

a. La conducta pasiva se caracteriza por elevar el tono de voz, faltar el respeto, no se deja opción de réplica, se domina haciendo prevalecer sus derechos a los demás, se impone su criterio/opinión.

b. **En la conducta pasiva se prefiere no dar la opinión, se tiene actitud de sumisión, se acepta el criterio de los demás, se es conformista, no se actúa por no molestar a los demás.**

c. Cuando una persona tiene una conducta pasiva trata a las personas con respeto, sin herir ni perjudicar a los demás, defendiendo sus derechos y respetando las opiniones ajenas.

6. Indica los elementos participativos que intervienen en el desarrollo de una conversación:

- Emisor
- Canal/código del mensaje
- Receptor
- Mensaje
- *Feedback*

7. Relaciona los diferentes tipos de comunicación según su comunicación correspondiente:

- a. Comunicación verbal
- b. Comunicación no verbal
- c. Comunicación escrita

c. Correo electrónico
b. Contacto visual
a. Llamada telefónica
b. Gesto corporal
c. *WhatsApp*
b. Expresión facial

8. Indica tres elementos que busca un cliente al solicitar una llamada telefónica a una empresa:

- Puede solicitar/necesitar información sobre productos, servicios, horarios o precios.
- Querer resolver un problema o realizar una queja, reclamación, devolución.
- Realiza la llamada por ahorrar tiempo al ser una comunicación rápida sin tener que desplazarse.

9. Indica si las siguientes oraciones son verdaderas o falsas, referentes a la expresión verbal a través del teléfono:

- a. La entonación con la que se emite el mensaje refleja actitudes y estados de ánimo al receptor.

  - ■ **Verdadero**
  - ■ Falso

b. La expresión verbal telefónica presta atención a ciertos elementos relacionados con la comunicación escrita.

- ■ Verdadero
- ■ **Falso**

c. La velocidad en la comunicación telefónica es fundamental para el entendimiento del mensaje; es importante hablar un poco más deprisa que lo que se suele hacer en la comunicación verbal presencial.

- ■ Verdadero
- ■ **Falso**

10. Relaciona los diferentes tipos de preguntas según el grupo al que pertenezcan:

a. Preguntas abiertas
b. Preguntas cerradas

a. ¿Cómo es el tipo de flores que desean?
b. ¿Por qué es todo tan complicado?
a. ¿Qué horario tienen los días festivos?
b. ¿Tienes miedo a algo?
a. ¿Es de color negro o azul?
b. ¿Has estado alguna vez en una funeraria?

Ejercicios de autoevaluación
Unidad de Aprendizaje 2

1. ¿Qué es el duelo?

El duelo es una respuesta emocional ante una pérdida. Es una reacción principalmente emocional y comportamental en forma de sufrimiento. No tiene una duración estipulada determinada; la persona pasa por diferentes etapas.

2. Las religiones occidentales son:

    a. Católica, protestante, musulmana y judía.
    b. Católica, judía, ortodoxa y testigos de Jehová.
    c. Católica, ortodoxa y protestantes.
    d. Católica, protestante, ortodoxa y judía.

3. Indica si las siguientes oraciones son verdaderas o falsas referentes al *shock* y el trauma psicológico:

    a. El *shock* y el trauma psicológico son respuestas emocionales intensas y disfuncionales.

        ■ **Verdadero**
        ■ Falso

    b. El trauma psicológico es una respuesta inmediata y abrumadora.

        ■ Verdadero
        ■ **Falso**

    c. El *shock* tiene un impacto duradero, es una respuesta intensa y prolongada.

        ■ Verdadero
        ■ **Falso**

d. El *shock* psicológico puede producirse por un fallecimiento causado por enfermedad de larga duración.

- ■ Verdadero
- ■ **Falso**

4. Menciona y explica dos características importantes del duelo:

1. Duración variable: no tiene un tiempo predeterminado porque el duelo es único y personal. Puede durar semanas, meses o años. Aunque si dura más de un año puede convertirse en un duelo patológico y es recomendable acudir a profesionales.
2. Respuesta física: no solo tiene respuestas emocionales, sino también físicas, como, por ejemplo, fatiga, mal sueño, cambios de apetito.
3. Respuesta conductual: aislamiento social, tendencia a aislarse de amigos y familiares.
4. Respuesta cognitiva: dificultad para concentrarse, problemas de atención y concentración debido al estrés emocional.
5. Respuesta emocional: sentimientos de dolor, tristeza y pena por la pérdida, irritabilidad. Puede experimentarse frustración e incluso enfado.

5. Indica las fases del duelo:

- Fase de negación
- Fase de ira
- Fase de negociación
- Fase de depresión
- Fase de aceptación

6. Relaciona los diferentes pasos positivos que seguir en la evolución del duelo con su descripción adecuada:

a. No tomes decisiones importantes.
b. Controla la paciencia.
c. No tengas prisa con recuperarte.
d. No dejes de pedir ayuda

b. Ignora los consejos que te dicen cómo tienes que sentirte,
pero hazlo con paciencia y amor.

a. En los primeros meses es tentador tomar decisiones de huida.
No es momento de decidir vender tu casa, cambiar de trabajo,
cambiar de casa.

b. Gesto corporal.

c. Tómate tu tiempo para sanarte. Coge los días que necesites.

b. No desconectes de los tuyos, dales la oportunidad de estar
cerca de ti.

**7. Cuando en una familia ocurre un fallecimiento y no se hace partíci-
pes a los niños de esta situación...**

a. ... se les dificulta la madurez emocional.

b. ... se les protege del dolor y de esa manera no les produce un
trauma psicológico.

c. ... no se les dan herramientas necesarias para gestionar su
pérdida adecuadamente.

d. Las opciones a y c son correctas.

**8. Indica si las siguientes oraciones son verdaderas o falsas referentes
al duelo en los niños según la edad:**

a. De 0 a 3 años, todavía no entienden el concepto de muerte,
pero sí perciben los sentimientos de abandono y de separación que les genera la persona que falta.

- **Verdadero**
- Falso

b. De 4 a 7 años, entienden perfectamente la muerte, pero la
entienden de una forma reversible y provisional.

- Verdadero
- **Falso**

c. De 7 a 12 años, todavía no diferencian la realidad de la fantasía.
Pueden entender lo que es la muerte, pero necesitarán ayuda
para afrontarla.

- Verdadero
- **Falso**

9. **Relaciona los aspectos legales importantes que la familia debe saber:**

    a. Servicio judicial
    b. Certificado médico de defunción
    c. Certificado literal de defunción
    d. Destino final del fallecido
    e. Certificado de voluntades y seguros

    a. Servicios con situación de fallecimiento de muertes traumáticas y repentinas. Informar de la ubicación del instituto médico forense donde se ha trasladado el cuerpo.
    b. Documento oficial que acredita la muerte rellenado y firmado por médico colegiado.
    d. Inhumación o incineración.
    c. Documento oficial definitivo expedido por el registro civil.
    e. Formulario 790.

10. **El agente funerario tiene un amplio conocimiento de la ley que regula los servicios funerarios. Esta ley es:**

    a. Decreto 2263/1974, de 20 de junio, por el que se aprueba el Reglamento de Policía Sanitaria Mortuoria.
    b. Decreto 2364/1973, de 20 de julio, por el que se aprueba el Reglamento de Policía Sanitaria Mortuoria.
    c. Decreto 2264/1975, de 20 de julio, por el que se aprueba el Reglamento de Policía Sanitaria Mortuoria.
    d. Decreto 2263/1974, de 20 de julio, por el que se aprueba el Reglamento de Policía Sanitaria Mortuoria.

Ejercicios de autoevaluación
Unidad de Aprendizaje 3

1. ¿Cómo define el Decreto de Policía Sanitaria Mortuoria a los tanatorios y velatorios?

    a. Lugar de fallecimiento que, a los efectos de la presente reglamentación, es una vivienda o un centro hospitalario.

    b. Son aquellas que prestan los servicios de manipulación y acondicionamiento de cadáveres y transporte de los mismos, junto con el suministro de bienes y servicios complementarios para dichos fines.

    c. Establecimientos funerarios debidamente autorizados como lugar de etapa intermedia del cadáver entre el lugar de fallecimiento y el destino final, que reúnan las condiciones establecidas en el presente decreto.

    d. Lugar público donde se celebran los ritos funerarios.

2. ¿Qué es el laboratorio en un tanatorio y quién tiene acceso a ellos?

Área donde se realizan los procesos de preparación y cuidado del difunto (tanatopraxia/tanatoestética). Solo tienen acceso tanatopractores y agentes funerarios.

3. Elige la respuesta correcta sobre el espacio de recepción en el tanatorio:

    a. Los horarios en apertura son extensos de 10 h, y de 24 h la atención telefónica para comunicación de decesos.

    b. El personal encargado de la recepción tiene altas capacidades en la atención a familiares, como pueden ser la empatía y la escucha activa.

    c. Es donde los familiares y visitantes van a pedir cualquier orientación que necesiten, información, peticiones, etc.

    d. Todas las opciones son correctas.

4. Indica si las siguientes oraciones son verdaderas o falsas:

    a. Las salas de reuniones son espacios privados entre familiares y el personal funerario para organizar los detalles y contratación del servicio.

        ■ **Verdadero**
        ■ Falso

    b. En la sala de exposición de productos funerarios se toman decisiones sobre la compra de los diferentes productos relacionados con la persona fallecida.

        ■ **Verdadero**
        ■ Falso

    c. Las oficinas administrativas son de uso para familiares y visitantes.

        ■ Verdadero
        ■ **Falso**

    d. Todos los tanatorios disponen de instalaciones de floristería para uso de las familias y visitantes.

        ■ Verdadero
        ■ **Falso**

5. Elige la respuesta correcta sobre las instalaciones de horno crematorio:

    a. Los horarios de incineración son durante la mañana, pero será el tanatorio quien marque sus propios horarios para cada servicio de incineración.

    b. **Las instalaciones de horno crematorio tienen anexas una sala para preparar al difunto para la incineración y otra sala para que los familiares puedan despedirse y visualizar la incineración.**

    c. Los tanatorios disponen de sus propias instalaciones de hornos crematorios.

    d. Suelen ser de estilo acogedor y espacioso para brindar privacidad de conversación a los familiares.

6. Indica las instalaciones funerarias que existen o pueden existir dentro de un tanatorio:

- Velatorio
- Sala de tanatopraxia/laboratorio
- Capilla
- Recepción
- Oficinas administrativas
- Oficina/sala de reuniones
- Sala de exposición de productos funerarios
- Floristería
- Cafetería
- Área de estacionamiento privado
- Horno crematorio
- Cementerio

7. Las unidades de espacios de enterramiento se clasifican en:

a. Construcciones mixtas.
b. Construcciones municipales.
c. Construcciones particulares.
d. **Las opciones b y c son correctas.**

8. Indica tres características de las cafeterías de un tanatorio:

- Tienen horarios extensos, igual que el tanatorio.
- Son de uso común tanto para trabajadores como para clientes.
- Estilo acogedor.
- Espacios entre mesas para dar privacidad a los familiares.

9. Indica si las siguientes oraciones son verdaderas o falsas:

a. En ocasiones la persona fallecida ya en vida dejó decidida y realizada la compra de los productos funerarios.

- **Verdadero**
- Falso

b. Las áreas de estacionamiento de un tanatorio son de uso público.

- ■ Verdadero
- ■ **Falso**

c. Para los familiares es relativamente fácil realizar la compra de productos funerarios en la sala de exposición de dichos productos.

- ■ Verdadero
- ■ **Falso**

10. Relaciona las diferentes opciones de enterramiento con su descripción adecuada:

a. Tumba
b. Nicho
c. Bóveda
d. Columbario
e. Panteón

c. Estructura arqueada formada por arcos.
e. Monumento funerario donde se entierra a varias personas de la misma familia.
b. Tabiques de hormigón apilados entre sí.
d. Construcción en forma de edificio con huecos.
a. Inhumación bajo tierra.

Ejercicios de autoevaluación
Unidad de Aprendizaje 4

1. Enumera en el orden adecuado los pasos de un proceso de venta.

1. Prospección/exploración de clientes
2. Acercamiento
3. Mensaje de venta
4. Manejo de objeciones
5. Cierre de venta

2. ¿Qué objetivo tiene un proceso de venta?

Provocar deseo en el cliente o una sensación satisfactoria de cubrir una necesidad real con el producto que comprar, siendo el resultado la venta del producto y cubriendo su necesidad.

3. Elige la respuesta correcta sobre el mensaje de venta:

a. El profesional ha guiado al cliente en el proceso de compra y ha manejado todas las objeciones.
b. Consiste en la búsqueda de posibles nuevos clientes que realicen una compra.
c. Una vez el cliente acude a la funeraria se debe conseguir toda información posible sobre la necesidad del cliente y sus particularidades.
d. Teniendo conocimiento sobre lo que quiere el cliente y teniendo toda la información sobre su necesidad, se realizará un estudio sobre las diferentes alternativas que el cliente puede elegir.

4. Indica si las siguientes oraciones son verdaderas o falsas:

a. Un buen conocimiento del producto de venta es una buena técnica para el manejo de objeciones.

■ **Verdadero**
■ Falso

b. El conocer al cliente no es necesario en la preparación de la venta.

 ■ Verdadero
 ■ **Falso**

c. Los familiares indirectos de la contratación de un servicio funerario son los declarantes del servicio funerario.

 ■ Verdadero
 ■ **Falso**

d. En ocasiones las compras no se realizan de manera presencial, sino que se realiza el encargo por teléfono.

 ■ **Verdadero**
 ■ Falso

5. Elige la respuesta correcta sobre la conducta pasiva:

a. La conducta pasiva se caracteriza por elevar el tono de voz, faltar el respeto, no se deja opción de réplica, se domina haciendo prevalecer sus derechos a los demás, se impone su criterio/opinión.
b. **En la conducta pasiva se prefiere no dar la opinión, se tiene actitud de sumisión, se acepta el criterio de los demás, se es conformista, no actúa por no molestar a los demás.**
c. Cuando una persona tiene una conducta pasiva trata a las personas con respeto, sin herir ni perjudicar a los demás, defendiendo sus derechos y respetando las opiniones ajenas.
d. Todas las opciones son correctas.

6. ¿Entre qué opciones sobre el destino final del fallecido puede elegir el declarante del servicio?

• Inhumación
• Incineración

7. Relaciona los diferentes servicios funerarios según su condición de básico u opcional:

    a. Servicio básico
    b. Servicio opcional

    b. Contratación de esquelas
    a. Gestión de trámites legales
    a. Destino final del cadáver
    a. Traslado del cuerpo
    b. Velatorio
    b. Atención psicológica
    b. Servicios conmemorativos
    b. Embalsamamiento/tanatoestética

8. Indica tres productos funerarios que se pueden comprar en la funeraria de manera opcional:

- Arreglos de flores
- Libro de condolencias
- Lápidas
- Recordatorios
- Joyas funerarias
- Adornos de féretro
- Placas conmemorativas
- Marcos o retratos conmemorativos

9. Indica si las siguientes oraciones son verdaderas o falsas, referentes a los productos y servicios funerarios:

    a. Dentro de los servicios extras que pueden contratar los familiares pueden incluir la solicitud de certificado de seguros y últimas voluntades.

      ■ **Verdadero**
      ■ Falso

    b. La compra del féretro es obligatoria para todo tipo de servicios funerarios.

      ■ **Verdadero**
      ■ Falso

c. La contratación de atención psicológica en los servicios funerarios es de necesidad básica.

■ Verdadero
■ **Falso**

10. **Relaciona los diferentes productos funerarios con su descripción adecuada:**

a. Arreglos florales
b. Féretros
c. Urnas funerarias
d. Libros de condolencias
e. Lápidas

<u>c.</u> Contenedores para guardar las cenizas del difunto.
<u>b.</u> Cajas para contener el cuerpo del difunto.
<u>a.</u> Coronas, ramos, cruces.
<u>e.</u> Monumentos conmemorativos de colocación en tumbas.
<u>d.</u> Registro de los asistentes y mensajes de condolencias.

Ejercicios de autoevaluación
Unidad de Aprendizaje 5

1. **La persona solicitante de un servicio funerario ¿qué documento debe proporcionar a la funeraria?**

   a. Certificado médico de defunción
   b. Certificado de defunción
   c. **Documento de identidad personal**
   d. Carta orden

2. **¿Qué es el certificado médico de defunción?**

   Es el documento oficial que certifica la muerte de una persona y lo rellena un médico colegiado.

3. **Indica la opción correcta sobre el documento cuestionario para la declaración de defunción:**

   a. Es un formulario editado en exclusiva por el Consejo General de Colegios Oficiales de Médicos.
   b. No es un impreso gratuito, ya que lleva asociado un coste de 3,63 €.
   c. Este documento da autorización para proceder al destino final del fallecido.
   d. **Es un impreso oficial expedido por el registro civil, imprescindible para proceder a la inscripción de defunción y solicitar la licencia para el entierro.**

4. **Indica si las siguientes oraciones sobre la documentación del fallecido son verdaderas o falsas:**

   a. La licencia de sepultura será expedida trascurridas al menos las 24 h siguientes al fallecimiento.

   - **Verdadero**
   - Falso

b. El documento *carta orden* es exclusivo para los casos judiciales.

   - ■ **Verdadero**
   - ■ Falso

c. La licencia de sepultura puede ser solicitada desde el momento del fallecimiento.

   - ■ Verdadero
   - ■ **Falso**

d. El certificado de defunción es expedido por el colegio de médicos.

   - ■ Verdadero
   - ■ **Falso**

5. Indica la respuesta correcta sobre la temporalización del proceso de documentación del fallecido:

   a. Documento de identidad, certificado de defunción, cuestionario para la declaración de defunción, licencia de sepultura, certificado médico de defunción.
   b. **Documento de identidad, certificado médico de defunción o carta orden, cuestionario para la declaración de defunción, licencia de sepultura, certificado de defunción.**
   c. Documento de identidad, certificado médico de defunción, licencia de sepultura, cuestionario para declaración de defunción, certificado de defunción.
   d. Todas las opciones son incorrectas.

6. Explica qué es la carta orden y cuándo interviene este documento:

En los casos de fallecimiento que se hayan judicializado (casos de fallecimientos no naturales o en los que no esté clara la muerte) no existe el certificado médico de defunción. El documento judicial de defunción se llama *carta orden*. La carta orden es el documento emitido por el juzgado de instrucción que lleve las diligencias del caso judicial, ordenará la viabilidad de entrega del cuerpo a la familia y permitirá poder seguir avanzando con el servicio funerario.

7. Relaciona los diferentes tipos de fallecimiento con el tipo de servicio funerario:

a. Servicio judicial
b. Servicio ordinario

b. Fallecimiento por avanzada edad
b. Fallecimiento por larga enfermedad
a. Fallecimiento por suicidio
a. Fallecimiento por accidente de tráfico
a. y b. Fallecimiento por parada cardiorrespiratoria

8. ¿Cuáles son las características más importantes en una póliza de decesos?

- El capital total asegurado.
- Coberturas que incluye la póliza respecto a los servicios y productos funerarios.

9. Indica si las siguientes oraciones son verdaderas o falsas, referentes a los seguros de decesos:

a. El capital no consumido de la póliza es devuelto a los familiares.

- ■ **Verdadero**
- ■ Falso

b. Es un tipo de seguro que no tiene cobertura de repatriaciones.

- ■ Verdadero
- ■ **Falso**

c. El seguro cubrirá toda la factura funeraria para que la familia no tenga que realizar ningún desembolso económico independientemente de su cuantía y sin límite de servicios ni productos funerarios.

- ■ Verdadero
- ■ **Falso**

10. Indica cinco servicios y productos funerarios que pueden tener cobertura en una póliza de seguros de decesos:

1. Traslados del fallecido
2. Repatriación
3. Incineración
4. Inhumación
5. Trámites administrativos
6. Recordatorios
7. Esquelas
8. Urna de cenizas
9. Féretro
10. Ornamentos florales
11. Asesoramiento legal
12. Libro de firmas

Ejercicios de autoevaluación
Unidad de Aprendizaje 6

1. **¿Qué es un presupuesto?**

   a. Es un plan de pago fraccionado.
   b. Está regulado por el Real Decreto 1514/2007, de 16 de noviembre.
   c. **Se trata de un plan de cálculo sobre los costes del servicio y productos que un cliente tiene interés en contratar.**
   d. Lleva asociado un número de facturación.

2. **¿Qué es el concepto en un presupuesto y/o en una factura?**

   Es el detalle del servicio y/o producto individual que aparece reflejado en el presupuesto y/o factura con su precio correspondiente.

3. **¿Cuál de estos productos y servicios no corresponde a una contratación básica y obligatoria en un servicio funerario?**

   a. Recogida del fallecido.
   b. Destino final del fallecido.
   c. Suministro de féretro.
   d. **Contratación de esquelas en prensa.**

4. **Indica si las siguientes oraciones sobre los productos y servicios opcionales y básicos obligatorios ofrecidos por una empresa funeraria son verdaderas o falsas:**

   a. La compra del féretro para el cadáver debe realizarse en todos los servicios.

      ■ **Verdadero**
      ■ Falso

   b. La funeraria debe encargarse siempre de dar destino final al fallecido independientemente de la elección familiar sobre inhumación o incineración.

      ■ **Verdadero**
      ■ Falso

    c. El certificado médico de defunción puede ser obtenido tanto por la funeraria como por los familiares.

- ■ Verdadero
- ■ **Falso**

    d. Al cadáver siempre hay que realizarle una preparación estética.

- ■ Verdadero
- ■ **Falso**

5. Indica la respuesta correcta sobre el cobro de servicios funerarios:

    a. Los pagos superiores a 1.000 € no se pueden cobrar en efectivo.
    b. Las opciones de cobro en una funeraria para la mayoría de las facturas serán por medios bancarios como transferencias, ingresos en cuenta y tarjetas bancarias.
    c. Cualquier tipo de pago se puede cobrar en efectivo.
    d. Las opciones a y b son correctas.

6. Explica qué es el arqueo de caja:

Es una acción contable que normalmente se realiza al finalizar cada día. Utilizado en comercios donde existe caja en efectivo, ya que consiste en el recuento del dinero en efectivo, descontando y sumando entradas y salidas de dinero y coincidiendo todos ellos con el saldo final del día en la caja.

7. Relaciona los siguientes tipos de financiación de un servicio funerario:

    a. *Post mortem*
    b. En vida

    a. Pago fraccionado de la factura
    b. Contratación en vida
    a. Entidad financiera
    a. Ayudas públicas

8. ¿Qué es una contratación en vida?

Una persona en vida contrata directamente con la funeraria su servicio funerario para el futuro. Ella misma pacta todo lo que quiere incluir en su servicio fúnebre y acuerda una serie de pagos fraccionados. Cuando haya pagado el total de lo contratado ya no pagará más. Es una opción cada vez más en auge.

9. Indica si las siguientes oraciones son verdaderas o falsas, referentes a los protocolos contables de una empresa funeraria:

a. Toda empresa tiene un plan contable independiente de su actividad.

- ■ **Verdadero**
- ■ Falso

b. La contabilidad es el recuento de dinero en efectivo al final del día.

- ■ Verdadero
- ■ **Falso**

c. El plan general contable se lleva a cabo por todas las empresas unidas a la Unión Europea.

- ■ **Verdadero**
- ■ Falso

10. Indica los cuatro aspectos más importantes de la contabilidad:

1. Registro de transacciones
2. Clasificación de información
3. Control y supervisión
4. Cumplimiento de obligaciones legales

Organización de las prestaciones de servicios funerarios

Ejercicios de autoevaluación
Unidad de Aprendizaje 1

1. Para la correcta identificación de la persona fallecida son válidos algunos tipos de documentación. Enumera los documentos válidos:

- Documento Nacional de Identidad (DNI)
- Tarjeta de residencia
- Pasaporte
- NIE

2. ¿Cuál es la diferencia entre el certificado médico de defunción y el certificado de defunción?

El certificado médico de defunción es un documento médico que certifica la muerte de una persona. Dicho impreso solo puede ser rellenado por un médico colegiado y es el Colegio de Médicos quien lo proporciona a los centros sanitarios. El certificado de defunción es el documento que acredita el fallecimiento de una persona; es expedido por el Registro Civil a petición del interesado.

3. Elige la respuesta correcta sobre el cuestionario para la declaración de defunción:

a. Es competencia para la inscripción el Registro Civil del lugar donde se haya producido el fallecimiento.
b. Debe realizarse inmediatamente y dentro de las 24 horas siguientes al fallecimiento.
c. La Ley 20/2011, de 21 de julio, del Registro Civil establece las normas competentes de los trámites en dicho organismo.
d. Todas las opciones son correctas.

4. Indica si las siguientes oraciones son verdaderas o falsas:

a. No se expedirá la licencia de sepultura antes de las 24 horas siguientes al fallecimiento.

- **Verdadero**
- Falso

b. La solicitud de traslado del cadáver debe solicitarse al Registro Civil.

- ■ Verdadero
- ■ **Falso**

c. La repatriación de un cadáver es considerada un traslado internacional.

- ■ **Verdadero**
- ■ Falso

5. ¿Qué tipo de documentación interna gestiona una empresa funeraria en relación a un servicio funerario?

a. Autorizaciones familiares, registro de servicios, fichas de recepción
b. Certificados, verificación de servicios, contrato de prestación de servicios
c. Hojas de seguimiento de calidad, programación de servicios
d. Todas las opciones son correctas.

6. Las funerarias disponen de documentos y autorizaciones internas para dar validez a la prestación del servicio. Enumera tres de ellas.

- Autorización de servicio
- Autorización de incineración/inhumación
- Certificado de cenizas
- Certificado de entrega de cenizas
- Certificado de renuncia de cenizas
- Autorización de publicación de foto

7. Relaciona los diferentes documentos internos con su descripción adecuada:

a. Autorización de servicio
b. Declaración jurada
c. Entrega de cenizas

b. La persona declarante del servicio autoriza a llevar a cabo el acto de destino final.

c. Certifica la entrega de cenizas del difunto.

a. Autoriza a la funeraria a realizar todas las gestiones necesarias tanto administrativas como con el cadáver.

8. **Indica tres ventajas del tratamiento documental manual:**

- Simplicidad
- Accesibilidad
- Reducción de riesgos informáticos

9. **Indica tres desventajas del tratamiento informatizado de la documentación:**

- Costes iniciales
- Protección de la privacidad
- Mantenimiento

10. **¿En qué regulación de ley aparece recogida la divulgación de secretos ajenos por razón de la profesión y datos personales?**

a. Código Civil

b. Ley de Protección de Datos

c. Sanidad Mortuoria

d. Las opciones a y b son correctas.

Ejercicios de autoevaluación
Unidad de Aprendizaje 2

1. Menciona cuatro elementos que preservan la memoria de la persona fallecida:

   - Recordatorios
   - Esquelas
   - Memoriales multimedia
   - Placas y monumentos
   - Libro de firmas
   - Relicarios

2. ¿Es obligatorio que la esquela incluya un símbolo religioso? Justica tu respuesta.

   No, se puede incluir cualquier otro símbolo que no sea religioso o incluso no ponerlo.

3. De manera general, una esquela incluye:

   a. Fecha de fallecimiento, fecha de nacimiento, parientes cercanos.
   b. **Nombre completo, edad, fecha de fallecimiento, parientes cercanos.**
   c. Nombre completo, apodo, edad, fecha de nacimiento, fecha de fallecimiento, parientes cercanos.
   d. Todas las opciones son correctas.

4. Indica si las siguientes oraciones son verdaderas o falsas:

   a. El formato de las esquelas incluye un marco negro o gris.

      - **Verdadero**
      - Falso

   b. La esquela incluye la causa del fallecimiento.

      - Verdadero
      - **Falso**

c. Los memoriales multimedia pueden ser sitios web dedicados al difunto.

- ■ **Verdadero**
- ■ Falso

d. En la actualidad existen libros de condolencias virtuales.

- ■ **Verdadero**
- ■ Falso

5. ¿Qué tipo de producto es un relicario?

a. Elemento conmemorativo floral
b. Elemento conmemorativo de condolencias
c. Elemento conmemorativo digital
d. **Elemento conmemorativo que guarda cenizas u otro material del fallecido**

6. Algunas de las flores que se pueden incluir en los ornamentos florales son:

- Rosas
- Girasoles
- Paniculata
- Claveles
- Gladiolos
- Tulipanes
- Lirios
- Flores aromáticas

7. Relaciona los diferentes ornamentos florales con su descripción adecuada:

a. Corona fúnebre
b. Cruz floral
c. Centro floral
d. Ramos funerarios

b. Se posa encima del féretro o en estructura de forma vertical.
c. Base de espuma o esponja con forma de rectángulo o maceta circular.

a. Forma circular.
d. Alternativa para los visitantes.

8. **¿Qué otros elementos no florales podemos encontrar en los servicios funerarios con la función de homenajes ornamentales?**

- Cintas con mensajes
- Globos
- Velas y velones litúrgicos
- Fotografías
- Farolillos

9. **Indica cuatro tipos de proveedores que pueden proporcionar servicio a una funeraria:**

- Proveedores de elementos ornamentales
- Proveedores de féretros y urnas
- Proveedores de transportes
- Proveedores de elementos religiosos y ceremoniales
- Proveedores de marmolería
- Proveedores de *catering*

10. **En los contratos con los proveedores se pueden destacar algunas cláusulas, como por ejemplo:**

a. Plazos de entrega
b. Confidencialidad
c. Rescisión
d. Todas las opciones son correctas.

Ejercicios de autoevaluación
Unidad de Aprendizaje 3

1. Los recursos materiales se dividen en tres grupos. Indica cuáles son:

1. Infraestructura física
2. Vehículos
3. Material básico y complementario

2. ¿A qué grupo de recursos materiales pertenece la siguiente descripción?

"Materiales como mortajas, sábanas sanitarias y elementos para la presentación del cuerpo, que cumplen tanto roles prácticos como ceremoniales".

a. Infraestructura física
b. Material básico y complementario
c. Vehículos
d. Todas las opciones son incorrectas.

3. Elige la respuesta correcta sobre la descripción del personal directo correspondiente a los agentes funerarios:

a. Profesionales entrenados para apoyar a las familias antes, durante y después del servicio.
b. Responsables de la preparación y conservación del cuerpo.
c. Su trabajo incluye el trasporte adecuado y respetuoso del cuerpo.
d. Es un recurso humano de los más importantes de la empresa, en la mayoría de las empresas son polivalentes y se encargan de todas las acciones.

4. Indica si las siguientes oraciones sobre el personal de soporte son verdaderas o falsas:

a. El personal administrativo maneja documentación legal, tal como permisos de entierro o cremaciones.

■ **Verdadero**
■ Falso

b. Los recepcionistas también realizan recogidas de fallecidos.

- ■ Verdadero
- ■ **Falso**

c. La limpieza y mantenimiento de los vehículos corresponde al personal de limpieza.

- ■ Verdadero
- ■ **Falso**

d. El personal de limpieza asegura que las instalaciones se mantengan con un estándar alto en higiene.

- ■ **Verdadero**
- ■ Falso

5. Elige la respuesta correcta sobre las herramientas de comunicación interna:

a. **Los *software* colaborativos son herramientas que permiten una comunicación instantánea y resultan útiles para coordinar tareas entre departamentos.**

b. El tablón de anuncios es un espacio reservado para que los miembros de la empresa tengan acceso a documentos con información puntual.

c. Las reuniones presenciales ayudan a que los miembros se sientan integrados.

d. Todas las opciones son correctas.

6. Indica cuatro elementos clave de la comunicación interdepartamental:

- Claridad
- Consistencia
- Relevancia y concisión
- Canales adecuados
- *Feedback* o retroalimentación

7. Relaciona la descripción de las pautas generales en un protocolo de comunicación dentro de la empresa con el concepto correspondiente:

    a. Evaluación regular
    b. Capacitación continua
    c. Establecimiento de normas de comunicación
    d. Alineación de objetivos

    <u>c.</u> Deben incluir los tiempos de respuesta entre departamentos.
    <u>a.</u> Hacer revisiones periódicas de los procesos de comunicación.
    <u>d.</u> Todos los departamentos comprenden los objetivos generales, sus roles y cómo contribuyen a los objetivos.
    <u>b.</u> Conduce a un personal mejor preparado para enfrentar situaciones complejas.

8. Indica tres aspectos en las mejoras comunicativas y la superación de barreras que pueden llevar a cabo los empleados y la empresa:

- Superar la resistencia al cambio.
- Minimizar ruido y distracciones.
- Fomentar la inclusión y la diversidad.

9. Indica si las siguientes oraciones, referentes a la documentación interdepartamental, son verdaderas o falsas:

    a. Los documentos de planificación incluyen planes de servicios, acuerdos con clientes y cronogramas de eventos.

        ■ **Verdadero**
        ■ Falso

    b. Una orden de trabajo es un documento que reúne información sobre tareas pendientes a realizar por los trabajadores.

        ■ **Verdadero**
        ■ Falso

    c. El libro de actas registra solo los temas importantes que se han tratado en una reunión y sus acuerdos.

        ■ Verdadero
        ■ **Falso**

10. **Relaciona la descripción de medios y herramientas para los procesos de seguridad documental con su correspondiente grupo de documentación:**

    a. Documentación manual
    b. Documentación informática

    a. Políticas claras de manejo de documentación por el personal.
    b. Implementación de protocolos de encriptación.
    a. Restricción de acceso a zonas de almacenamiento.
    b. Utilización de *firewalls* y antivirus.
    a. Utilización de archivadores con llave.
    b. Políticas claras sobre el uso de dispositivos.

Ejercicios de autoevaluación
Unidad de Aprendizaje 4

1. **¿Qué cuatro normativas son intervinientes por diferentes razones en los servicios funerarios?**

   - Prevención de riesgos laborales
   - Reglamento de Policía Sanitaria Mortuoria
   - Normativa de protección de datos
   - Normativa sobre registro civil

2. **La Ley que regula la prevención de riesgos laborales es:**

   a. **Ley 31/1995, de 8 de noviembre**
   b. Ley 2263/1974, de 20 de julio
   c. Ley 3/2018, de 5 de diciembre
   d. Ley 20/2011, de 21 de julio

3. **La Ley de Prevención de Riesgos Laborales implementa una serie de medidas y controles. ¿En qué se basan dichas medidas?**

   a. En la planificación y gestión de la seguridad laboral
   b. En la evaluación de riesgos
   c. En la supervisión y revisión continua
   d. **Todas las opciones son correctas.**

4. **Indica si las siguientes oraciones sobre los tipos de riesgos en el sector funerario son verdaderas o falsas:**

   a. El contacto con cadáveres puede representar un riesgo de exposición a agentes patógenos.

   - **Verdadero**
   - Falso

   b. Algunos productos utilizados en la preparación de los cadáveres, como formaldehído u otros agentes de embalsamamiento, son químicos que presentan riesgos para la salud.

   - **Verdadero**
   - Falso

c. El trabajo en el sector funerario tiene una baja implicación de estrés emocional.

■ Verdadero
■ **Falso**

5. **Algunas de las instalaciones funerarias que regula la Ley de Policía Sanitaria Mortuoria son:**

   a. Cámaras y salas de velatorio
   b. Crematorios
   c. Bares y restaurantes dentro de tanatorios
   d. **Las opciones a y b son correctas.**

6. **Indica algunas normas que pretende regular la Ley de Policía Sanitaria Mortuoria:**

   • Protocolos de manejo y conservación
   • Trasporte de restos humanos
   • Condiciones de cremación e inhumación
   • Aspectos legales y administrativos

7. **Indica qué opción no es correcta referente a la Ley de Protección de Datos:**

   a. En España está implantada la Ley Orgánica de Protección de Datos Personales y Garantía de los Derechos Digitales (LOPDPGDD).
   b. A nivel internacional, la Regulación General de Protección de Datos de la Unión Europea es una de las normativas más importantes.
   c. **Su función radica en la inscripción y validación de hechos vitales que afectan la vida de las personas.**
   d. Todas las opciones son incorrectas.

8. **Relaciona la descripción adecuada asociada a los derechos básicos adquiridos por ley:**

   a. Consentimiento
   b. Derecho de información
   c. Derecho al olvido

c. Los datos pueden ser borrados a solicitud del interesado cuando ya no sean necesarios.

b. Los interesados deben estar informados sobre quién es el responsable de sus datos.

a. Las empresas tienen que proporcionar información sobre la finalidad del tratamiento de los datos para que el usuario pueda dar el consentimiento.

9. Indica si las siguientes oraciones sobre la tramitación de datos en la empresa son verdaderas o falsas:

a. Las empresas deben garantizar que los datos recopilados sean estrictamente los necesarios para los fines previstos.

- ■ **Verdadero**
- ■ Falso

b. La normativa actual de protección de datos no establece principios de limitación de plazos de conservación de los datos.

- ■ Verdadero
- ■ **Falso**

c. La Ley Orgánica 3/2018, de 5 de diciembre, de Protección de Datos Personales y Garantía de los Derechos Digitales recoge la confidencialidad expresamente en su título II, Principios de Protección de Datos, artículo 5.

- ■ **Verdadero**
- ■ Falso

10. Indica seis hechos y actos inscribibles en el registro civil:

1. El nacimiento
2. La filiación
3. El nombre y los apellidos y sus cambios
4. El sexo y el cambio de sexo
5. La nacionalidad y la vecindad civil
6. La emancipación y el beneficio de la mayor edad
7. El matrimonio. La separación, nulidad y divorcio
8. El régimen económico matrimonial legal o pactado
9. Las relaciones paterno-filiales y sus modificaciones

10. Los poderes y mandatos preventivos, la propuesta de nombramiento de curador y las medidas de apoyo previstas por una persona respecto de sí misma o de sus bienes
11. Las resoluciones judiciales dictadas en procedimientos de provisión de medidas judiciales de apoyo a personas con discapacidad
12. Los actos relativos a la constitución y régimen del patrimonio protegido de las personas con discapacidad
13. La tutela del menor y la defensa judicial del menor emancipado
14. Las declaraciones de concurso de las personas físicas y la intervención o suspensión de sus facultades
15. Las declaraciones de ausencia y fallecimiento
16. La defunción

Organización de los actos de protocolo funerario y actividades de asistencia a la persona solicitante, familiares y/o personas usuarias

Ejercicios de autoevaluación
Unidad de Aprendizaje 1

1. **Menciona los cuatro objetivos que tienen las prácticas de los ritos funerarios:**

   1. Proporcionar consuelo emocional.
   2. Estructurar el caos emocional.
   3. Honrar y recordar al difunto.
   4. Facilitar el tránsito espiritual.

2. **Indica cuál de estos actos se incluye dentro de los ritos funerarios y prácticas ceremoniales:**

   a. Ofrendas
   b. Cremaciones
   c. Misas
   d. Todas las opciones son correctas.

3. **En la cultura mexicana, el día de gran interés cultural es:**

   a. Día de los funerarios
   b. Día de la Constitución Mexicana
   c. Día de los Muertos
   d. Día del embalsamamiento

4. **Indica si las siguientes oraciones son verdaderas o falsas:**

   a. En un ritual funerario concreto, el cadáver es cortado en piezas pequeñas y colocado en una elevada plataforma para que los buitres lo consuman.

   - **Verdadero**
   - Falso

   b. El anterior ritual hace referencia a los rituales funerarios de los vikingos nórdicos.

   - Verdadero
   - **Falso**

c. En Ghana, las ceremonias fúnebres duran dos días y no se da especial importancia al ritual funerario, ya que lo asimilan al proceso natural de la vida.

- ■ Verdadero
- ■ **Falso**

d. En el cristianismo, en el Día de Todos los Santos se honra a los santos, quienes se considera que viven en la presencia de Dios.

- ■ **Verdadero**
- ■ Falso

5. Ordena los pasos a seguir según las características del rito funerario dentro del cristianismo:

3. Rito del último adiós
1. Vigilia
2. Liturgia/misa del fallecido

6. En los ritos musulmanes o islámicos, el destino final del cadáver siempre es:

a. Inhumación
b. Incineración
c. Incineración y las cenizas se esparcen en el río sagrado.
d. El cadáver es cortado y se da de comer a los buitres.

7. Relaciona los diferentes ritos funerarios según su origen:

a. Madagascar
b. Japón
c. Culturas del Pacífico
d. Indígenas australianos

b. El budismo influye notablemente en el ritual funerario, donde predominan las cremaciones.
d. La muerte es vista como una transición a otro reino del tiempo de los sueños, un estado cósmico del ser.

<u>a.</u> Practican un ritual que consiste en exhumar los cuerpos de los difuntos.

<u>c.</u> Los cuerpos son suspendidos en árboles sagrados, permitiendo, así, que las almas se eleven al Gran Espíritu de manera más directa.

8. ¿Qué es el protocolo funerario?

Es un conjunto de normas tanto burocráticas como internas de la empresa que garantizan que las leyes se cumplan y que la prestación de los servicios se desempeñe con calidad profesional.

9. Indica si las siguientes oraciones, referentes a los elementos que acompañan el acto funerario, son verdaderas o falsas:

a. Existen tres tipos de ceremonias funerarias: ceremonias laicas, ceremonias religiosas y ceremonias mixtas.

- **Verdadero**
- Falso

b. Los discursos y lecturas forman parte de la columna vertebral del acto funerario.

- **Verdadero**
- Falso

c. La iluminación ambiental en los elementos más importantes es secundaria, ya que se da prioridad a otro tipo de iluminación.

- Verdadero
- **Falso**

10. La normativa que regula los protocolos de calidad en los servicios funerarios es:

a. LOPDGDD
b. RGPD
c. **UNE-EN 15017**
d. Todas las opciones son incorrectas.

Ejercicios de autoevaluación
Unidad de Aprendizaje 2

1. Menciona tres instalaciones de uso no evidente:

- Instalaciones de preparación del cadáver
- Crematorios
- Sistemas de almacenamiento e instalaciones para la preparación del cadáver
- Espacios auxiliares
- Jardines conmemorativos
- Espacios con accesibilidad y movilidad interna

2. Uno de los espacios dedicados para la movilidad interna es:

a. Crematorio
b. Sala de espera
c. Oficina administrativa
d. Pasillo interno para el desplazamiento de los cadáveres

3. ¿En qué pueden ayudar al doliente los diseños paisajísticos en un tanatorio?

a. No son de ayuda para el doliente, pero sí contribuyen a un bonito diseño de las instalaciones.
b. Ayudan a que la persona fallecida encuentre paz.
c. Ofrecen un ambiente de serenidad y paz, que contribuye al bienestar emocional.
d. Todas las opciones son correctas.

4. Indica si las siguientes oraciones sobre los hornos crematorios son verdaderas o falsas:

a. En los hornos crematorios se realiza una de las partes del servicio funerario más dolorosas para los familiares de los fallecidos.

- **Verdadero**
- Falso

b. Las instalaciones de horno crematorio son de uso público.

- ■ Verdadero
- ■ **Falso**

c. El horno crematorio tiene anexa una sala de despedida donde los familiares pueden visualizar la introducción del féretro.

- ■ **Verdadero**
- ■ Falso

d. Los familiares están obligados por ley a visualizar la cremación del cadáver.

- ■ **Verdadero**
- ■ Falso

5. **El acompañamiento a familiares por parte de los profesionales funerarios es de gran importancia. Ordena la clasificación de las diferentes etapas por las que pasa un servicio funerario en base a la comunicación:**

4. Etapa de seguimiento
1. Etapa de contacto inicial
3. Etapa del servicio funerario
2. Etapa de planificación

6. **¿Qué dos tipos de técnicas se utilizan en los servicios funerarios en todas las etapas del servicio?**

a. Técnicas de distracción y técnicas de relajación
b. **Técnicas de acompañamiento y técnicas de acomodación**
c. Técnicas de contabilidad y técnicas de financiación
d. Técnicas de gestión del tiempo y técnicas de visualización

7. **Relaciona las diferentes técnicas utilizadas en la etapa del servicio funerario:**

a. Técnica de acompañamiento
b. Técnica de acomodación

a. Apoyo en tiempo real
a. Manejo de crisis
b. Adaptación tecnológica
a. Presencia activa
b. Atención a los detalles
b. Proporcionar espacios confortables

8. **¿En qué consiste la etapa de seguimiento?**

En mantener el contacto y continuar con el apoyo de las personas usuarias, mostrándoles atención y cuidado después de que el servicio funerario haya concluido.

9. **Indica si las siguientes oraciones, referentes a la etapa de planificación, son verdaderas o falsas:**

    a. El asesoramiento debe ser progresivo.

    - **Verdadero**
    - Falso

    b. El acompañamiento emocional debe ser derivado a los especialistas.

    - Verdadero
    - **Falso**

10. **¿Cuál de estas frases no encaja con la descripción de las diferentes técnicas en los servicios funerarios?**

    a. Todas las técnicas requieren de empatía, comprensión y respeto.
    b. Es imprescindible para el personal funerario saber manejar las diferentes técnicas.
    c. **Este tipo de técnicas solo deben llevarse a cabo por profesionales de la psicología especialistas en los procesos de duelo.**
    d. Con la utilización de las diferentes técnicas, los profesionales pueden aliviar el estrés y la carga emocional de las personas.

Ejercicios de autoevaluación
Unidad de Aprendizaje 3

1. **Indica cuál de las siguientes frases no se corresponde con la prevención de riesgos laborales:**

   a. Está regulada por un conjunto de leyes, reglamentos y directrices.
   b. El Ministerio de Trabajo y Asuntos Sociales, junto con el Instituto Nacional de Seguridad e Higiene en el Trabajo, elaboran guías de acción preventiva.
   c. Su cumplimiento asegura la protección de la salud pública procedente de la manipulación de los cadáveres.
   d. **En una empresa, si se analizan los riesgos, se verán los posibles peligros. En base a ello, se desarrollan las acciones preventivas.**

2. **¿Qué objetivo tienen las guías para la acción preventiva?**

   Estas guías ayudan a valorar y buscar los posibles riesgos que se pueden presentar en una empresa por el desarrollo de su actividad laboral. Ayudan a la empresa a implementar sistemas para reducirlos.

3. **Elige la respuesta correcta sobre los posibles riesgos que pueden derivar de la acción laboral de una empresa funeraria:**

   a. Trabajos manejando cargas
   b. Situaciones de trabajo que producen estrés
   c. Mala utilización de los equipos de protección
   d. **Todas las opciones son correctas.**

4. **Indica si las siguientes oraciones son verdaderas o falsas:**

   a. Como acción preventiva ante cortes producidos por cuchillos, tijeras o bisturís, se puede comenzar por almacenar de forma separada y bien ordenada el instrumental limpio.

   - **Verdadero**
   - Falso

b. Los productos que contienen sustancias químicas peligrosas en la medida de lo posible deben ser sustituidos por otros de menos peligrosidad.

- ■ **Verdadero**
- ■ Falso

c. Las situaciones de trabajo que producen estrés son las jornadas diurnas.

- ■ Verdadero
- ■ **Falso**

d. Se debe prever y disponer de ayuda externa para resolver situaciones que deriven a posible estrés emocional.

- ■ **Verdadero**
- ■ Falso

5. ¿En qué consiste el Reglamento de Policía Sanitaria Mortuoria?

Estas guías ayudan a valorar y buscar los posibles riesgos que se pueden presentar en una empresa por el desarrollo de su actividad laboral. Ayudan a la empresa a implementar sistemas para reducirlos.

6. Uno de estos apartados no se corresponde con el Reglamento de Policía Sanitaria Mortuoria:

a. Normas para el sepelio y la cremación
b. Alternativas ecológicas
c. Procesos automatizados
d. Gestión de la higiene y seguridad

7. Relaciona cada acción con el aspecto correspondiente que regula la normativa mortuoria:

a. Procedimientos de desinfección
b. Vehículos aprobados
c. Crematorios
d. Manejo de cadáveres

a. Uso de productos específicos

d. Protocolos estrictos para el manejo y disposición minimizando riesgos de contagio

b. Adaptados con compartimentos cerrados y sistemas de ventilación

c. Control de las emisiones

8. **Los principios clave de las normativas medioambientales aplicadas a los servicios funerarios son:**

    a. **Sostenibilidad, prevención y responsabilidad compartida.**

    b. Disminución de riesgos, alteración del ecosistema y normativa generalizada.

    c. Creación de normativa específica, formación adecuada y seguridad laboral.

    d. Prevención de riesgos, seguridad pública y guía de prácticas funerarias.

9. **Indica si las siguientes oraciones, referentes a la gestión medioambiental en el sector funerario, son verdaderas o falsas:**

    a. En el mercado encontramos productos funerarios ecológicos que respetan el ecosistema natural.

- **Verdadero**
- Falso

    b. Los féretros de cartón son productos respetuosos con el medioambiente, válidos tanto para inhumación como para incineración.

- **Verdadero**
- Falso

    c. En la actualidad, no existe normativa medioambiental específica para el sector de los servicios funerarios.

- Verdadero
- **Falso**

10. **La normativa medioambiental hace hincapié en la regulación de los crematorios debido a:**

     a. La expulsión de gases y partículas.
     b. La utilización de productos químicos.
     c. Los sistemas de filtrado y tratamiento de gases.
     d. Las opciones a y c son correctas.

Ejercicios de autoevaluación
Unidad de Aprendizaje 4

1. ¿Cuál de las siguientes opciones se corresponden a la detección de necesidades del usuario?

    a. Presta atención al tono de voz.
    b. Fíjate en el lenguaje corporal.
    c. Presta atención a las pausas en la conversación.
    d. Todas las opciones son correctas.

2. ¿Qué acciones podemos realizar si en una conversación con un usuario percibimos un tono de voz tembloroso y una expresión corporal de angustia?

Ofrecer un vaso de agua o una infusión, realizar una pausa, dar prioridad en la toma de decisiones solo a las más importantes.

3. ¿Cuál de las siguientes opciones no se ajusta a un tipo de necesidad en los usuarios de los servicios funerarios?

    a. Informativa
    b. Pragmática
    c. Religiosa
    d. Estética

4. Indica si las siguientes oraciones sobre las necesidades de los usuarios de servicios funerarios son verdaderas o falsas:

    a. Los usuarios que enfrentan la pérdida de un ser querido pueden generar una variedad de emociones, desde el dolor hasta el alivio.

        ■ **Verdadero**
        ■ Falso

b. Las personas usuarias necesitan información clara y precisa sobre todo el proceso funerario.

■ **Verdadero**
■ Falso

c. Las prácticas funerarias están arraigadas a la religión católica.

■ Verdadero
■ **Falso**

d. Existen necesidades sobre aspectos logísticos, como el lugar donde se llevará a cabo la ceremonia.

■ **Verdadero**
■ Falso

5. **Algunos componentes clave en la gestión de sugerencias, quejas y reclamaciones son:**

a. Dominio de palabras técnicas
b. Claridad y transparencia
c. Procedimientos efectivos
d. **Las opciones b y c son correctas.**

6. **Menciona tres herramientas efectivas que la empresa puede utilizar para la recepción de sugerencias:**

Buzón de sugerencias, encuesta postservicio y encuesta telefónica.

7. **Ordena los pasos a seguir en el proceso de gestión de una queja y/o reclamación:**

3. Respuesta inmediata y resolución
2. Análisis y diagnóstico
4. Seguimiento y retroalimentación
1. Proceso de recepción

8. **En el proceso de gestión de quejas, uno de los pasos es la respuesta y resolución. En este paso:**

   a. **Se darán respuestas personalizadas, rápidas y sinceras.**
   b. Se mantendrá un contacto posterior a la resolución.
   c. Se realizará un análisis exhaustivo.
   d. Se mantendrá una comunicación que dará pie a que se manifieste la queja.

9. **¿Qué dos pautas básicas debe incluir un protocolo de empresa en su sistema de gestión ante sugerencias, quejas y/o reclamaciones?**

   Documentar y analizar las incidencias, y capacitación del personal.

10. **¿Qué beneficios se obtienen de realizar análisis y documentación de las incidencias?**

    a. Identificar áreas de mejora.
    b. Buscar y localizar el foco de la incidencia.
    c. Evitar futuras repeticiones.
    d. **Todas las opciones son correctas.**

Ejercicios de autoevaluación
Unidad de Aprendizaje 5

1. ¿Qué licencia es imprescindible para dar destino final al cadáver?

Licencia de enterramiento / Licencia de incineración

2. ¿Es imprescindible la licencia de sepultura para realizar el acto de destino final del cadáver?

a. No, su obligatoriedad no está recogida en ninguna ley.
b. Sí, por ley es obligatoria.
c. Depende del tipo de fallecimiento.
d. No es imprescindible en todos los casos.

3. El propósito de regular el destino final del cadáver mediante la licencia es:

a. Llevar un control estadístico.
b. Garantizar que el cadáver sea inhumado/incinerado conforme a las leyes.
c. Proteger la salud pública.
d. Las opciones b y c son correctas.

4. Indica si las siguientes oraciones sobre la solicitud de la licencia son verdaderas o falsas:

a. Antes de realizar la solicitud de la licencia se debe haber inscrito la defunción en el registro civil competente.

■ **Verdadero**
■ Falso

b. El registro civil competente para realizar la inscripción de la defunción es el de la población de residencia del fallecido.

■ Verdadero
■ **Falso**

c. El documento oficial para proceder a la inscripción del fallecido se llama cuestionario para la declaración de defunción.

■ **Verdadero**
■ Falso

d. Los documentos deben ser debidamente rellenados, y es recomendable hacerlo en mayúsculas.

■ **Verdadero**
■ Falso

5. Los tres documentos que se deben llevar al registro civil para realizar la inscripción de la persona fallecida son:

1. Cuestionario para la declaración de defunción
2. Certificado Médico de Defunción
3. Fotocopia del documento nacional de identidad

6. ¿Cuántas horas deben pasar legalmente para poder solicitar la licencia de enterramiento/incineración?

a. 24 horas
b. 12 horas
c. 24 horas, con excepción de algunas comunidades, que tienen aprobada por ley las 12 horas
d. No hay una regulación específica que regule las horas.

7. Relaciona las descripciones con los desafíos comunes ante una solicitud de licencia:

a. Errores en la documentación
b. Retrasos administrativos

a. Mala precisión
a. Incongruencias
b. Crisis sanitaria
a. Denegación de la licencia
b. Elevada carga de trabajo

8. **El documento de declaración jurada:**

   a. Es un documento interno.
   b. Es un documento oficial.
   c. Es una autorización familiar.
   d. **Las opciones a y c son correctas.**

9. **Indica si las siguientes oraciones, referentes a la ética del profesional funerario, son verdaderas o falsas:**

   a. La confidencialidad forma parte de la ética profesional:

   ■ **Verdadero**
   ■ Falso

   b. El respeto a los familiares se centra solamente en los familiares directos del fallecido:

   ■ Verdadero
   ■ **Falso**

   c. Mantener cordialidad y respeto hacia los compañeros forma parte de la ética profesional.

   ■ **Verdadero**
   ■ Falso

10. **¿Cuál de estas frases no encaja con la descripción de la ética?**

    a. Es un conjunto de normas morales.
    b. Promueve los comportamientos del bien.
    c. **Los sinónimos de la ética profesional son: inmoralidad, deshonestidad, turbio.**
    d. La ética profesional garantiza el respeto y la integridad.

Ejercicios de autoevaluación
Unidad de Aprendizaje 6

1. El título de derecho funerario:

    a. Es un título que se obtiene al estudiar derecho funerario.
    b. Es un título de derecho de uso de sepultura.
    c. Es una escritura de propiedad de derecho funerario.
    d. Las opciones b y c son correctas.

2. Las concesiones administrativas de uso de unidades de enterramiento ¿son gratuitas?

    a. Sí, se conceden de manera gratuita.
    b. No, hay que pagar la tasa para tener derecho de ocupación.
    c. Sí, pero solo en cementerios municipales.
    d. Sí, pero en las concesiones concedidas mediante sorteo.

3. La ley que regula los cementerios es:

    a. La ley de medioambiente que regula las inhumaciones.
    b. La ley de policía sanitaria mortuoria de la comunidad autónoma.
    c. La ley de policía sanitaria mortuoria estatal.
    d. La ordenanza municipal.

4. Indica si las siguientes oraciones sobre la ordenanza de cementerios son verdaderas o falsas:

    a. El derecho funerario atribuye el uso exclusivo del espacio; nunca se atribuirá la titularidad del suelo.

        ■ **Verdadero**
        ■ Falso

    b. En el caso de las tumbas en el suelo o los columbarios para las cenizas, el título puede llegar a tener una validez de 100 años.

        ■ Verdadero
        ■ **Falso**

   c. En el caso de los nichos, lo más habitual es que el derecho de uso se conceda por un plazo de 10 años.

- ■ **Verdadero**
- ■ Falso

   d. El derecho de uso no tiene fecha de caducidad.

- ■ Vordadero
- ■ **Falso**

5. ¿Qué es el certificado de cenizas?

Es el documento de identidad de las cenizas.

6. El documento de renuncia de cenizas sirve para:

   a. Recoger la urna de cenizas.
   b. Dejar documentado quién recoge la urna de cenizas.
   c. Renunciar a recoger la urna de cenizas.
   d. Todas las opciones son incorrectas.

7. Relaciona las descripciones con los documentos correspondientes:

   a. Las cenizas se quedan bajo custodia de la empresa.
   b. Es la identificación de la persona que recoge y custodia las cenizas.
   c. Siempre va junto a las cenizas ante cualquier desplazamiento.

   b. Certificado de entrega de cenizas
   a. Certificado de renuncia de cenizas
   c. Certificado de cenizas

8. Los relicarios pueden ser de diferentes materiales, como por ejemplo:

   a. Acero
   b. Madera
   c. Piedras
   d. Todas las opciones son correctas.

9. **Indica si las siguientes oraciones, referentes a los relicarios, son verdaderas o falsas:**

   a. Existen relicarios en forma de joya, con materiales de oro y plata.

   - ■ **Verdadero**
   - ■ Falso

   b. Habitualmente, los relicarios para el hogar son una réplica de la urna de cenizas principal.

   - ■ Verdadero
   - ■ **Falso**

   c. Los relicarios de mineral ónix son piezas únicas de estilo bohemio.

   - ■ **Verdadero**
   - ■ Falso

10. **¿Cuál de estas frases no encaja con la descripción de las urnas biodegradables?**

    a. **Son piezas de alto valor, con diseños elegantes y frágiles.**
    b. Se realizan con pinturas vegetales.
    c. Son aptas para inhumar en tierra y ser sumergidas en el mar.
    d. Deben estar certificadas oficialmente.